LE BATON PERDU

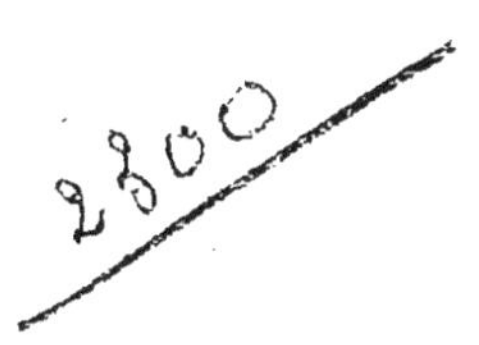

MÊME LIBRAIRIE.

DU MÊME AUTEUR :

Les Lys et les Roses. — Bel in-12. . . . . 2 fr.

Lettres sur la vie d'un nommé Jésus. — 14ᵉ édition . . . . 2 fr.

Le Chant du Cygne gallican. . . . . . 2 fr.

Les Mémoires de Propre-à-rien. — Deux in-12 . . . . 3 fr.

Pouvoir et Liberté. — Très-fort vol. . . . 3 fr.

Lourdes : Pèlerinage et Pèlerins. — In-12 . . . . 1 fr.

Abbeville. — Imp. Briez , C. Paillart et Retaux.

LE
BATON PERDU

PAR

JEAN LOYSEAU

Neque virgam.
(S. Luc.)

PARIS

C. DILLET, LIBRAIRE-ÉDITEUR

15, rue de Sèvres, 15

—

1876

A SA GRANDEUR

MONSEIGNEUR DUQUESNAY,

ÉVÊQUE DE LIMOGES.

Monseigneur,

Je vous suis profondément reconnaissant de la permission que vous m'avez accordée, en m'autorisant à faire paraître ce petit volume sous vos auspices. C'est là, sans doute, une de ces bonnes œuvres auxquelles vous êtes si habitué, que vous en aurez peut-être, déjà, perdu le souvenir. S'il en était ainsi, je prierais le même bon ange auquel je dois la faveur dont vous m'avez honoré, de prendre la peine de vous rafraîchir, sur ce point, la mémoire.

Ceci, comme vous le voyez, Monseigneur, est ni plus ni moins qu'une épître dédicatoire; mais ce que vous ne pouvez apercevoir, malgré votre haute perspicacité, c'est l'embarras extrême où je me trouve en l'écrivant. Vous qui êtes un orateur célèbre, vous ignorez certainement, à moins d'y avoir passé, les perplexités d'un pauvre écrivain condamné à faire la dédicace de son livre.

Je sais que je me suis débarrassé d'un grand fardeau, en renonçant, absolument, à vous adresser aucun éloge. J'évite ainsi de vous déplaire, et de m'exposer à me voir malmené par les diocésains de Limoges, et par les paroissiens de Saint-Laurent, qui trouveraient mes compliments trop au-dessous de vos mérites. Là-dessus, je garde donc un silence discret; mais on ne fait pas une épître dédicatoire avec du silence.

Je n'oublie pas que je dois vous dire quelques mots au sujet du titre de mon humble volume; et c'est là, précisément, ce qui cause mon plus grand embarras. Vous n'aurez pas de peine à vous en rendre compte, dès que vous verrez sous quelle étiquette biscornue je présente mon ouvrage à Votre Grandeur, et au public.

Au reste, j'aime mieux vous dire la chose telle qu'elle s'est passée; vous me gronderez si vous voulez; mais vous me pardonnerez certainement ensuite, et me plaindrez, je pense, car vous êtes si bon !

Vous savez, Monseigneur, lorsque je vous priai de vouloir bien agréer ce chétif hommage de ma grande tendresse et de mon respect, qu'il s'agissait d'une étude sur la vie de votre glorieux prédécesseur, saint Martial; ce fut dans ces termes que ma supplique fut faite par moi, et, par vous, agréée.

Mais le livre n'était pas encore imprimé. Or, pour

imprimer un livre, un imprimeur ne suffit pas : il faut encore à l'auteur trouver un libraire qui l'édite : or, quiconque n'y a pas passé ne peut se faire une idée de la tyrannie qu'exerce, sur les malheureux écrivains, la classe de gens impitoyables qu'on appelle des éditeurs.

Voici un spécimen du dialogue qui s'établit entre mon éditeur et moi, quand je lui présentai le manuscrit que vous voyez, aujourd'hui, imprimé en volume. Après en avoir pris lecture, mon estimable libraire consentit à l'éditer.

— Bien, M. Loyseau, je prends votre livre. Ça fera trois cents pages : c'est juste ce qu'il nous faut pour ma collection à deux francs.

— Mais si, par hasard, il y avait un peu plus de trois cents pages?

— Coupez, coupez : il ne faut pas que ça dépasse. Tiens! vous annoncez une épître dédicatoire : à qui donc le dédiez-vous votre volume ?

— A Mgr Duquesnay, s'il veut bien me le permettre; sinon, à personne.

— Pour ça, c'est bien. Vrai, là, cette fois, quoique auteur, vous avez eu de l'esprit.

— Vous vous moquez.

— Non, non, parole d'honneur. Il n'y avait personne qui fût mieux indiqué que Mgr Duquesnay, pour lui dédier votre livre.

— Je crois bien, c'est le dernier successeur, sur le siége de Limoges, du héros de mon ouvrage.

— Oh ! pour ça, ça n'y fait absolument rien : quand il serait encore évêque de Samos, *in parti-*

bus, ça me serait parfaitement égal : c'est son nom.

— Ah! je comprends; vous voulez parler de ses grandes qualités et de ses vertus.

— Vous ne comprenez rien du tout, voilà tout ce que vous comprenez. Mon Dieu, que les auteurs sont... Comment dirai-je?

— Bêtes? ne vous gênez pas, mon cher éditeur.

— Pas précisément; mais ça s'en rapproche, — au point de vue des affaires, s'entend. — Vous vivez dans l'idéal, et nous, dans le réel. Vous ne comprenez pas, M. Loyseau, que dans l'éditeur il y a deux personnages, l'éditeur et l'homme, qui n'ont presque rien de commun entre eux. Donnez-moi un manuscrit de vous, je le lirai, il me plaira, je suppose; mais si vous le signez d'un autre nom que celui de Jean Loyseau, je ne l'éditerai certainement pas.

— Tiens!

— Il n'y a pas de : tiens; c'est comme cela. Le public est accoutumé à votre nom, et le même livre, signé d'un autre, ne serait pas de vente : l'homme le lira avec le même plaisir, mais l'éditeur n'en voudra à aucun prix.

— Alors, pour ce qui concerne Mgr de Limoges, son nom.....

— Est de vente; certainement. Croyez-vous que, comme homme, — c'est toujours ma distinction de tout à l'heure, — je sois habitant de Paris depuis plus de vingt ans, sans savoir ce que vaut Mgr Duquesnay? J'ai presque assisté à ses débuts dans le saint ministère, et je vous affirme que rarement un orateur m'a fait autant d'impression. Je ne sais pourquoi il me rappelait toujours involontairement le P. Brydaine. Il parle avec une facilité et une élégance rares, ce qui serait déjà quelque chose; mais c'est surtout par le cœur qu'il vous prend. On dirait que toute son âme passe dans ce qu'il dit. Aussi le bien que ses discours ont opéré est incalculable. Tous les Parisiens vous en diront autant, et même les provinciaux, puisqu'il a prêché partout, et fait du bien partout où il a passé, comme le plus zélé missionnaire. Je sais cela comme homme, M. Loyseau; mais comme éditeur ça m'est parfaitement égal. C'est comme sa vie de curé, quand on le retira de Sainte-Geneviève où il était doyen, pour le placer à Saint-Laurent. Croyez-vous que j'ignore le bien qu'il a fait dans cette paroisse? Il l'a transformée. Les œuvres qu'il y a fondées, les pauvres qu'il y a nourris, s'il fallait tout dire, on en ferait un volume plus gros que le vôtre.

— Et c'est pour cela...

— Rien du tout. Qu'est-ce que ça me fait à moi, comme éditeur ? les vertus ne sont pas de vente, ni le mérite non plus. Votre Monseigneur serait un saint Jean Chrysostôme, ou un saint Grégoire thaumaturge, je m'en soucierais comme de ça.

— Eh bien ! alors, qu'est-ce donc qui vous porte à approuver mon choix ?

— Le nom, mon cher, le nom. Il y a un je ne sais quoi dans les noms, qui fait aller la vente. J'estime que celui de Mgr Duquesnay nous vaudra, avant peu, une seconde édition. Son nom est populaire, et la canaille le déteste autant qu'il est aimé de tout ce qui est bon. Il y a des instincts comme ça dans les masses, dont il faut bien que les pauvres éditeurs profitent. Vous vous souvenez, je pense, que, parmi les membres du clergé de Paris, il n'y en a aucun qui ait été plus outrageusement, plus bêtement, plus injustement calomnié.

— Sans doute; saint François de Sales l'a bien été de la même façon.

— Que ce soit comme saint François de Sales, ou d'autres, le fait est qu'il a été en butte à des accusations aussi stupides que retentissantes; mais savez-vous d'où venaient ces infamies, M. Loyseau?

— Dame! probablement de gens auxquels il avait fait du bien.

— Cette fois, vous y êtes. Il y a des êtres dont la dépravation est telle qu'ils ne peuvent voir, sans la mordre, la main qui se tend vers eux pour les nourrir. C'est pour cela encore que cet homme, je parle toujours du curé de Saint-Laurent, qui, plus que personne, à Paris, avait été dévoué aux classes indigentes, ce prêtre qui était la providence des pauvres, dont l'église était celle de Paris qui fût la plus abordable aux nécessiteux, et qui avait même fait cette invention touchante de distribuer lui-même le pain du corps et celui de l'âme à ceux qui avaient faim, à l'issue de la messe qu'on célébrait à leur intention, c'est pour cela, dis-je, qu'aussitôt après l'inauguration de la Commune, ce même homme fut le premier dont la canaille s'occupa et ne dut la vie qu'à une porte dont ils ne connaissaient pas l'existence, et par où il put heureusement s'échapper. Si cette race maudite avait mis la main dessus, soyez sûr, mon cher, que votre saint Martial n'aurait jamais eu, à Limoges, ce digne héritier de son zèle et de ses apostoliques vertus.

— J'en suis convaincu comme vous; mais enfin qu'est-ce que cela prouve?

— Cela prouve, M. Loyseau, que vous avez parfaitement choisi, en mettant son nom en tête de votre livre. Plus un nom est notoire, plus il est de vente. Comme homme, et comme chrétien, car je suis homme et chrétien à mes heures, M. Loyseau, j'aime et j'admire Mgr Duquesnay, et je le vénère comme un des plus saints évêques de ce temps-ci ; mais à l'heure du libraire, je ne calcule pas ses vertus et je ne pèse que son nom. Et, je vous le répète, vous avez bien fait de le mettre en tête de votre ouvrage, il est de bonne vente, et puisque la haine de ces drôles l'a rendu plus notoire, vous avez très-bien fait d'en profiter.

— Je consens que le loup me mange, si j'y avais jamais songé!

— Vous ne pensez à rien de ce qui est sérieux et pratique. Avez-vous seulement songé au titre que vous donnerez à votre volume?

— Mais il me semble que ce titre s'impose de lui-même : j'ai fait une étude sur la vie et les vertus de saint Martial, apôtre d'Aquitaine et premier évêque de Limoges.

— Et c'est ça que vous comptez fourrer sur le dos de votre livre? pourquoi n'ajoutez-vous pas encore qu'il était l'un des soixante-douze disciples du Sauveur, et que Limoges est la capitale du Limousin, et le chef-lieu d'un département ?

— Je n'y avais pas pensé, mais on peut le mettre.

— Vous êtes fou ; ma parole d'honneur, un peu plus, et le titre serait plus long que le volume. Les grands titres, ça n'est pas de vente. Commencez par me démolir tout ça.

— Je veux bien. Alors nous mettrons : Étude ou notice sur la vie...

— C'est trop long.

— Ou : Vie de saint Martial.

— Pas du tout. Une vie de saint, à notre époque ! vous n'y pensez pas, mon cher, ce n'est pas de vente. Vous ne connaissez pas le tempérament des acheteurs de notre temps, mon cher M. Loyseau, il leur faut des titres qui amorcent, qui piquent la curiosité ; mais des noms de saints, jamais. Saint Martial ! a-t-on jamais vu intituler un livre saint Martial ? Qui est-ce qui connaît au monde, en France, votre saint Martial ?

— Mais c'est pour le faire connaître.

— Faites-le connaître dans l'ouvrage, si vous voulez ; mais sur le titre non ; positivement non. Ça tuerait le volume, ça n'est pas de vente. Vous ne savez donc pas comme les lecteurs d'aujourd'hui sont superficiels et légers. Dès que vous leur montrez une étiquette qui semble quelque peu sérieuse, ils détournent la tête en bâillant. Ça, c'est de l'histoire, et aussi authentique que celle de votre saint. Non, sur le titre, pas de saint, ni de Martial.

— Mais enfin, sapristi, je ne peux, cependant, pas appeler mon volume : histoire d'un bâton perdu.

— Tiens, tiens, tiens ! c'est une idée. Seulement c'est un peu long ; et il faut que les titres soient courts. Bâton perdu, le bâton perdu, ça ne ferait pas mal pour un titre. Vous avez eu là une fameuse idée.

— Je vous jure que je n'ai pas eu la moindre idée d'affubler la vie de saint Martial du titre de bâton perdu. Quel rapport trouvez-vous donc entre la monographie d'un saint et la perte d'un bâton ?

— D'abord, il n'est pas nécessaire qu'il y ait aucun rapport, puisqu'il ne s'agit que de trouver un titre qui soit de bonne vente. Ensuite, si vous n'en voyez pas, moi j'en vois, entre ce titre et votre histoire, des multitudes de rapports.

— Je serais, parbleu, bien aise de les connaître.

— C'est simple comme bonjour ; mais les auteurs, ça ne voit rien. Il n'est pas jusqu'aux réclames où il nous faut leur attribuer des perfections qui n'ont jamais existé dans leurs livres. Ah ! le métier d'éditeur est dur ! mais pour en revenir à votre titre, est-ce que, dès la première page de votre livre, vous ne vous lamentez pas de la perte de votre bâton ?

— Oui, mais...

— Il n'y a pas de mais ; vous allez jusqu'à dire que c'est à cet accident que votre ouvrage doit d'avoir été écrit.

— C'est vrai; mais on ne peut pas chercher le titre d'un livre dans l'événement très-vulgaire qui a donné occasion de l'écrire.

— On peut tout ce qu'on veut. D'ailleurs, il est question de bâton perdu d'un bout à l'autre. Saint Pierre donne son bâton à saint Martial; saint Martial l'envoie à Bordeaux pour guérir le mari d'une grande dame; et, à Bordeaux, cette relique, si précieuse, se sera probablement perdue pendant la révolution. Enfin, il n'est pas jusqu'à l'illustre prélat auquel vous dédiez votre étude, qui ne puisse justifier le titre de bâton perdu.

— Ah ! par exemple, je voudrais bien savoir....

— C'est pourtant bien simple, tout le monde dit que le pontificat de Mgr Duquesnay à Limoges est tellement paternel qu'il gouverne son diocèse par la charité seule et le zèle, et que ses brebis sont absolument persuadées que dans sa ville épiscopale il n'a jamais apporté de bâton. Qu'avez-vous à répondre à cela, M. Loyseau ?

— Dame! je ne nie pas la grande bonté de ce digne prélat, seulement... Il me semble... enfin je voudrais que mon livre portât au moins un peu le nom de saint Martial.

— Eh bien ! soit : pour vous satisfaire, — car nous sommes pleins d'indulgence envers les pauvres auteurs, — on pourra mettre en sous-titre le nom de votre saint, mais en petits caractères, de sorte qu'il n'y ait que les mots : *le bâton perdu,* qui frappent les yeux. Le nom d'un saint, aujourd'hui, n'est pas de vente. Si cela se vendait, parbleu, je rééditerais Surius, et même, au besoin, les Bollandistes. Ça vous va-t-il ?

— Il le faut bien, hélas ! puisque je ne puis l'empêcher.

Et voilà, Monseigneur, comment et pourquoi il se fait que vous receviez un volume contenant les traits principaux de la vie de saint Martial, sous le titre peu séant, je l'avoue, qu'il m'a fallu lui donner, et que je ne lui ai donné qu'à mon corps défendant.

Mais vous êtes si indulgent et si bon que vous daignerez l'agréer quand même ; et peut-être, au lieu de vous fâcher, — ce qui doit vous être bien difficile, — sourirez-vous au récit très-véridique des tribulations du pauvre auteur.

Et qui sait, même, si, intelligent comme vous l'êtes des misères de notre triste époque, vous ne donnerez pas raison contre moi, à mon libraire, dans votre for intérieur ? Notre temps veut qu'on l'amuse, et dédaigne ce qui instruit. J'ai écrit, en vingt-cinq jours, un livre assez léger qui a eu plus de quinze éditions, parce qu'il portait un titre plaisant, et qu'il faisait rire ; et un autre ouvrage, qui m'a coûté vingt-cinq années de travail, en est encore à sa première édition, parce qu'il se nomme : *Pouvoir et Liberté*.

N'est-ce pas là le caractère particulier des époques de décadence, et des sociétés en décomposition ? Quand le monde païen s'effondra sous le poids de ses vices, on dit que les peuples ne demandaient autre chose qu'à se divertir et à manger. Il semble qu'aujourd'hui il en soit à peu près de même, et que les régisseurs suprêmes des intérêts sociaux ne songent qu'aux appétits grossiers des populations avides, en leur procurant la plus grande somme possible d'amusements et de plaisirs. C'est peut-être ainsi que les nations européennes du dix-neuvième siècle doivent disparaître, pour faire place à un monde nouveau, qui viendra on ne sait d'où, arborer sur les ruines que nous aurons faites, le drapeau de je ne sais quels principes, et les éléments de je ne sais quelle civilisation.

Si ces générations nouvelles arrivent de mon temps, et si elles doivent mettre pour fondements à l'édifice futur le Décalogue et l'Évangile, certes, je ne verserai pas une larme au souvenir du temps présent, qui sera, alors, le passé.

Il est de petites choses qui symbolisent les grandes.

Je me souviens qu'il y a peu d'années encore, j'étais allé passer quelque temps dans une modeste ville de la banlieue de Paris, pour les exigences de ma profession.

Dans semblable localité, habitée par environ quatre mille individus, — je n'ose dire quatre mille âmes, — trois prêtres n'eussent pas suffi dans un pays chrétien. Là, un seul curé semblait un objet de luxe.

Celui-ci, le curé, était un excellent prêtre, rempli d'amour pour les âmes et de zèle ecclésiastique. Il regrettait de n'être pas en Chine, et n'avait pu administrer qu'à deux moribonds les derniers sacrements.... en dix ans!

Pendant mon séjour dans le pays, un des paroissiens, un des notables, un des moins mauvais de la localité, se disposait à faire le grand et court voyage qui sépare le temps de l'éternité. Le curé tournait et retournait autour de la demeure du mourant, cherchant, sans le pouvoir trouver, un moyen de s'en procurer l'entrée, et tous ses efforts aboutissaient à de polis, mais impitoyables refus.

Un jour, il me rencontra et me dit, les larmes aux yeux : mon ami, toute chance semble perdue; son fils m'a dit qu'il allait beaucoup mieux : le pauvre homme va mourir !

C'était la formule consacrée pour annoncer au prêtre l'approche de l'agonie, dans ce pays de crétins prétendus civilisés.

Une lueur d'espoir restait encore. On avait appelé une sœur de l'hospice pour donner des soins à l'infirme, et cette sainte fille, intelligente et dévouée, rendait compte au curé de ses tentatives et des progrès du mal.

Un jour, comme elle abordait son malade, celui-ci lui dit qu'il se sentait très-mal, et qu'il croyait sa fin prochaine.

— Eh bien ! mon ami, si vous le pensez ainsi, il me semble que ce serait le moment de penser aux choses sérieuses.

— Justement, ma sœur, quand vous êtes entrée, j'étais en train d'y penser.

— Ah! cela me fait bien plaisir. Dites-moi à quoi vous pensiez ainsi, en m'attendant.

— Voilà, ma sœur. J'étais comme qui dirait en

train de me parler à moi-même, tout en ruminant
sur mon passé. Je me disais : mon pauvre Claude,
tu es un homme fini et tu n'as plus que quelques
jours à vivre. Puis, je songeais que je mourais jeune,
puisque je n'ai pas encore quarante ans. Eh bien!
avec ça, je m'en vais sans regretter la vie. Voyez-
vous, ma sœur, c'est vrai que ne je suis pas vieux;
mais si je recommençais à vivre je ne pourrais faire
mieux que je n'ai fait jusqu'ici. J'ai vécu seulement
quarante ans; mais j'ai *rigolé* pour quatre-vingts!

Ne vous semble-t-il pas, Monseigneur, que ce pa-
négyrique effronté d'une existence bestiale soit
comme un écho des éloges vaniteux que se décerne
la société moderne, qui se complaît dans ses tur-
pitudes et s'applaudit de sa mort prématurée, en se
rendant la justice qu'elle ne pouvait se divertir
davantage ni mieux?

Les peuples meurent de leurs vices et non pas
des années. Et quand la conscience universelle ne
trouve plus utile de mettre Dieu et son Église dans
ses institutions et dans ses mœurs, c'est que la fin
est proche, et on comprend qu'alors, même sur
l'épine dorsale d'un volume, c'est gênant à l'œil
d'apercevoir le nom d'un saint.

Il faut, cependant, continuer la lutte, et vous le
savez et le faites, mieux que personne, vous qui êtes
maître parmi les plus vigoureux lutteurs. A vous,
peut-être, il n'est pas possible, avec la haute dignité du caractère sacerdotal, dont vous avez reçu
l'auguste plénitude, de déguiser vos œuvres, et de
cacher le glaive de la vérité sous la batte de l'ar-

lequin; mais à nous, pauvres petits combattants de la place publique, il nous faut déguiser jusqu'à la majesté de la parole chrétienne sous le langage de l'histrion, sous peine de n'être ni entendus, ni écoutés.

Et voilà pourquoi celui qui vous écrit ces lignes, soldat obscur dans la milice du Christ, accomplit, depuis bien des années, une tâche qui répugne à sa nature et à ses goûts, et, au lieu de monter, pour respirer l'air pur et contempler la lumière sereine sur le sommet de la montagne, il s'est condamné, croyant bien faire, à vivre dans la plaine ensablée, respirant l'air vicié par la poussière que les pieds des passants soulèvent, et se promenant, avec sa lanterne à la main, pour éclairer ses pas et ceux des autres, dans le brouillard.

Mais je m'aperçois, Monseigneur, que mon épître dédicatoire a deux défauts énormes, celui d'être bien longue, et celui de parler de moi, au lieu de parler de vous. Il est vrai que je cause avec un père, et qu'un père ne peut avoir pour désagréable qu'on l'entretienne de son enfant.

Cependant, je finis, en vous renouvelant, avec mon humble hommage, l'expression des sentiments qui m'ont porté à vous prier de me permettre de vous l'offrir. Vous savez que ces sentiments sont le respect le plus profond et la plus filiale tendresse. Vous les agréerez, Monseigneur, avec cette bonté qui ne vous quitte jamais, et vous voudrez bien faire, à mon chétif volume et à celui qui vous le dédie, une toute petite place dans votre souvenir et dans votre cœur.

Vos diocésains n'en seront point jaloux, car votre famille spirituelle a reçu une trop bonne éducation chrétienne, pour être jalouse d'un frère, qui les aime en vous aimant.

Et pour finir, comme j'en ai fait la promesse, sans vous adresser le moindre éloge, permettez-moi de féliciter les fidèles qui vous ont pour pasteur, et de leur faire, à eux, mes compliments sincères, de posséder un évêque qui suive à la lettre les prescriptions données par Jésus-Christ à ses apôtres, et qui, à l'exemple de son glorieux prédécesseur, prêche le royaume de Dieu, guérit les infirmités spirituelles, chasse les démons, ne possède rien, n'a de bourse que pour les pauvres, et sait gouverner ses ouailles sans recourir.... au bâton.

Que Dieu vous garde à votre diocèse et à l'Église, Monseigneur, pendant de longues années, tel est le vœu sincère que forme, non pour vous, mais pour les autres, celui qui se dit et est

De Votre Grandeur,

Le plus humble et indigne serviteur et fils en Jésus-Christ,

JEAN LOYSEAU.

Versailles, 29 septembre 1875.

Fête de saint Michel, archange.

LE BATON PERDU

—

SAINT MARTIAL

—

I

COMME QUOI IL PEUT ÊTRE TRÈS-DÉSAGRÉABLE DE PERDRE SON BATON.

Si les plus grands événements sont quelquefois produits par les plus imperceptibles causes, personne n'aura droit d'être surpris qu'une cause peu sérieuse produise un effet médiocrement important. La mort d'une poule occasionna jadis une révolution en Bretagne. La propriétaire de la poule ayant vengé sa volaille en tuant le duc, auteur de ce très-vulgaire accident, il en résulta une guerre civile et des séries de sanglants désastres. J'ai eu connaissance d'un mariage, écrit dans le ciel, dont la cause occasionnelle était le décès d'une perruche; et j'ai vu des âmes se perdre pour avoir acheté chez l'épicier un morceau de fromage mal vêtu.

Si, donc, on a vu une guerre éclater pour une poule, un mariage se contracter par une perruche, et des âmes se perdre par la lecture malsaine d'un petit morceau de papier, il n'y a rien d'étonnant à ce que ce soit à la perte de mon bâton que mes lecteurs doivent le présent chapitre, et la confection de ceux dont il sera suivi.

J'avais un bâton qui avait pour moi de grands attraits: ce n'était pas parce qu'il était en bois de cornouiller et qu'il pouvait ainsi, au besoin, me servir d'appui solide, en cas de rhumatisme, ou de défense contre les malfaiteurs. J'avais eu, pour m'attacher à cet enfant des forêts, de plus hautes et de plus dignes raisons: je l'avais acheté à Rome, dans la *via Papale*, le 20 septembre de l'an de grâce et de disgrâce 1870.

Si cette date ne vous dit rien, chers lecteurs, c'est à cause des distractions anormales qu'à pareille époque étaient en train de vous procurer les Prussiens; mais pour moi, cette date parle haut et lugubrement à l'oreille de mon cœur.

Tandis que vous étiez occupés d'entendre la brutale mélodie des canons Krupp, avec accompagnement de télégrammes plus rassurants que sincères, nous étions, nous autres, aux prises avec un ennemi encore moins probe et moins courtois. Rome, notre ville catholique, notre capitale, notre mère, était ceinte de fer et de feu : le canon grondait aussi, les obus pleuvaient, les balles sifflaient, les vieux remparts de la cité Antonine se lézardaient, le Saint-Père élevait vers le ciel ses mains rendues trois fois vénérables par l'âge, les fonctions et les vertus; et les défenseurs de l'Église, derrière les murs en ruines de la Ville sainte, attendaient, avec calme et fierté, un miracle ou la mort.

Ce fut en ce moment que, nous acheminant lentement vers la porte Pia, pour essayer de nous utiliser dans quelque ambulance, nous fîmes emplette de ce bâton de cornouiller.

Il avait donc assisté au combat et reçu la consécration du feu ; il assista à la douleur du sacrifice. Il nous accompagna le lendemain, au Vatican, et était avec nous, quand le Saint-Père, désormais prisonnier, daigna nous adresser quelques paroles de consolation et d'espoir. C'était pour ces motifs que nous tenions à ne pas nous séparer de ce compagnon fidèle, et, par ces motifs encore, que nous éprouvions un véritable regret de l'avoir, nous ne savions où, perdu. On s'attache quelquefois à des objets qui ne rappellent pas autant de souvenirs.

II

LES SAINTS SPÉCIAUX.

De même qu'il faut bien souffrir ce qu'on ne peut empêcher, de même il convient de faire le sacrifice des choses à la perte desquelles il n'y a point de remède. Tel était le parti que nous avions pris, non sans peine, mais en désespoir de cause. Quand quelque ami nous interrogeait sur le fait de l'absence de notre compagnon d'armes, nous répondions par un soupir, et lorsqu'on nous suggérait quelque démarche à faire, nous la faisions sans grand espoir, et ne tardions pas à constater, à la suite d'une tentative nouvelle et infructueuse, que nos craintes n'étaient que trop fondées, et notre procès perdu sans appel.

Au moment où nous avions épuisé toutes les ressources humaines, et renoncé à des recherches sans résultat, une bonne âme, — il nous semble que c'était une bonne âme, — nous engagea à recourir aux moyens d'un ordre surnaturel.

Comme tous nos lecteurs sont évidemment de très-bonnes âmes aussi, cela ne les scandalisera point d'apprendre que nous y avions déjà pensé. En soi, il n'y a rien de grand et rien de petit pour Dieu. S'il s'occupe de faire pousser l'arbuste qui doit me servir de canne, il peut et doit tout aussi bien s'occuper de me faire retrouver cet objet lorsque je l'ai perdu. Si nous pouvons le prier de faire germer l'herbe de la prairie, nous pouvons bien, lorsqu'il s'agit du plus modeste des intérêts de notre vie, lui demander son concours. Il semble même que, dans ce procédé de pratique chrétienne, il y ait quelque chose de particulièrement touchant, parce qu'il y a quelque chose de particulièrement filial. Mettre Dieu de moitié dans toutes nos petites affaires est un lien incessant et comme un trait d'union habituel entre la terre et le ciel. La grande chose de l'intelligence, c'est la pensée de Dieu, et la grande chose de la volonté humaine, c'est le vouloir de Dieu. Il a daigné compter les cheveux de ma tête, me dit-il lui-même, il sait le nombre des petits oiseaux du ciel, et s'il ne tombe pas un passereau sans son ordre, sans doute c'est qu'il l'intéresse que les choses soient et se passent ainsi : et si sa volonté est que je le perde, elle peut être, de même, que je retrouve mon bâton.

Si, donc, dans la création de l'arbuste, dans mon acquisition et dans cette perte, sa providence entre pour quelque chose, il ne peut lui déplaire que je lui demande de rentrer en possession du bien qu'il m'a donné. Implicitement, je sollicite cette grâce, en lui disant chaque jour : que votre volonté soit faite sur la terre comme au ciel ! Mais, voyez un peu, à quelle théologie vient aboutir une histoire de si modeste apparence ! Tout est dans tout, a dit quelqu'un.

Eh bien ! ce n'est rien encore, et, puisque nous sommes sur ce docte terrain, nous allons essayer d'épuiser la matière, au moins en ce qui concerne le cas dont il s'agit.

Que Dieu se réserve le droit et même le monopole de gouverner toutes choses, cela ne peut être douteux pour quiconque jouit de son bon sens. Celui qui revêt le lis des champs de sa soyeuse parure, celui qui donne à la fleur son suave parfum, celui qui dicte sa mélodie à la plus humble mésange ; celui-là, dans la direction des affaires du monde, n'a, certes, aucun besoin d'être aidé. Il n'est point distrait, comme nous, d'une affaire par une autre, et les soins qu'il donne à vêtir la violette ne lui font pas oublier de broder d'émeraude, de topaze et de rubis, l'aile du papillon ; mais s'il se suffit à lui-même et si lui-même suffit à tout, il n'en est pas moins vrai qu'il peut bien se donner, s'il veut, des coopérateurs, et trouver des collaborateurs à son œuvre, et je pense, quant à moi, qu'il semble assez convenable à sa sagesse qu'il en agisse ainsi.

Surtout quand il s'agit d'un intérêt de l'homme, il me paraît très-régulier et très-logique que l'homme n'en soit pas exclu ; et si déjà le Créateur daigne s'occuper de ces intérêts d'un ordre subalterne, je ne vois pas pourquoi quelqu'une de ses créatures ne s'en occuperait pas avec lui.

Il est, en outre, tout naturel que, lorsqu'une de ces mêmes créatures, pendant sa vie mortelle, a, plus spécialement, exercé tel acte ou pratiqué telle vertu, Dieu lui concède, dans la gloire, comme récompense, — c'est une si grande joie de faire le bien ! — le doux privilége d'exercer une action plus particulière dans l'ordre de ses actes passés, ou de ses vertus d'autrefois.

C'est là, du reste, un sentiment fondé sur cette sorte

d'instinct catholique, qui attribue à quelques âmes bienheureuses le don d'influer spécialement dans tels ou tels accidents de notre existence, offrant une analogie avec leur propre vie, aux jours de leur mortalité.

C'est ainsi que saint Joseph a reçu le titre de patron des charpentiers, dont il a exercé la profession ; que sainte Cécile est considérée comme la protectrice des musiciens, et que saint Yves est universellement choisi comme patron par les avocats, quoiqu'il n'appartienne que très-indirectement à cet ordre si respectable. Tout le monde sait encore que saint Nicolas a reçu, et pour cause, une grâce particulière pour faire marier les jeunes filles ; et personne n'ignore que, dans le cas où l'on aurait perdu quelque objet, saint Antoine de Padoue a, pour spécialité, de le faire retrouver.

Vous voyez, cher lecteur, que, sans en avoir l'air, nous voici revenus précisément à notre point de départ, c'est-à-dire à la perte de ma troisième jambe. J'avais déjà, pour me la faire retrouver, eu recours à ce grand saint Antoine, mais je dois dire, à l'honneur de la vérité, que mes prières n'avaient pas été jusqu'alors exaucées ; et ce fut là ce que je me permis de faire remarquer à la pieuse personne qui m'avait suggéré le moyen dont je viens de parler.

1.

— Je ne nie pas la puissance de saint Antoine, me fut-il répondu, mais avez-vous prié saint Martial?

— Saint Martial ?

— Précisément : saint Martial, l'évêque de Limoges.

— J'avoue que je n'ai pas invoqué saint Martial; mais j'ai prié saint Antoine, dont c'est, à ce qu'on dit, la spécialité dans ces circonstances.

— C'est aussi celle de saint Martial, mais avec ceci de particulier, que ce grand saint, généralement, obtient très-promptement les grâces qu'on sollicite par son intercession.

Cette considération me toucha. Quand on demande une grâce, il est habituel de la désirer vite. En outre, si saint Antoine a fait la sourde oreille, qui sait, pensais-je, s'il n'a pas voulu laisser l'honneur de la chose au glorieux saint Martial? Les saints eux-mêmes peuvent bien se faire semblables politesses. Sur cette terre, les hommes sont si personnels et si jaloux ! mais dans le monde meilleur de là-haut, ils doivent être à l'abri de ces misères. Bref, je pris et je tins la résolution de recourir à saint Martial, me promettant, si ma supplique était favorablement accueillie, d'étudier l'histoire de ce grand saint, et si cette histoire offrait quelque intérêt, de vous en faire part, mon aimable lecteur.

Vous avez deviné que c'est en conséquence de cette résolution que je vous entretiens aujourd'hui de saint Martial, et vous avez parfaitement deviné, puisque c'est à la suite de cette dernière demande que j'ai retrouvé mon bâton. Vous en pouvez penser tout ce que bon vous semble, mais ce qui est incontestable, c'est que les faits se sont passés absolument comme je viens d'avoir l'honneur de vous les raconter. Vous voyez donc que ce que nous disions au commencement de cet article est vrai, savoir que les petites causes peuvent, quelquefois, produire même de petits effets. La cause, ici, est un bâton perdu, et l'effet est la présente étude. Je désire que cette cause modeste ait pour effet de profiter à ceux qui liront ces pages. Ce serait alors un résultat considérable, et j'avoue que c'est celui que je me suis particulièrement proposé.

III

L'EXTASE GANGRÉNEUSE ET LA DÉMOLITION DES SAINTS.

Quand l'esprit révolutionnaire pénètre dans un peuple, une des premières conséquences de son apparition est de faire substituer, chez ce peuple, au sentiment de légitime fierté celui d'un sot orgueil.

L'orgueil consiste à s'attribuer à soi-même des dons qu'on a reçus, ou même des mérites que l'on n'a pas : la fierté, sans méconnaître ce qu'elle possède, en rend l'honneur à qui l'honneur est dû. Les gens de la révolution, qui ne sont pas fiers, sont, en revanche, très-orgueilleux, et se trouveraient fort humiliés de devoir reconnaître qu'ils sont redevables de quelque chose à quelqu'un. Ces messieurs semblent être venus au monde tout habillés, tels qu'ils sont, et avoir grandi sans maîtres, sans parents et encore sans nourrices. Ils poussent si loin le principe de l'admiration personnelle, qu'ils préféreraient cent fois vous montrer une lèpre qu'ils se sont donnée, que de vous nommer le médecin qui les en a guéris.

Si quelque lecteur superficiel trouve ma proposition exagérée, qu'il daigne se souvenir des agissements des hommes du progrès. Je ne pense pas que la société moderne soit parfaitement saine de corps et d'esprit : il me semble qu'elle est atteinte de je ne sais quelle maladie de peau, contagieuse, qui, des pieds à la tête, la rend assez désagréable à voir, et se manifeste, de temps à autre, par des éruptions locales et temporaires, ayant même reçu, dans la thérapeutique moderne, des noms inconnus aux anciens, tels que : terrorisme, socialisme, communisme et pétrolisme, sortes d'indispositions indiquant que le sang du malade est particulièrement vicié.

Mais comme cette maladie, c'est le malade qui se l'est donnée, comme il s'est mis lui-même dans cet état, comme la lèpre révolutionnaire est son œuvre, il la contemple avec ravissement, et entre dans cette période d'état morbide que les médecins du jour n'ont pas encore dénommé, et auquel je crois être en droit de donner un nom, puisque je suis le premier à l'avoir découvert. J'appelle donc ce genre d'infirmité morale l'EXTASE GANGRÉNEUSE.

Voici quels sont les symptômes de ce mal :

Quand vous voyez une société rongée de la lèpre morale, assassiner ses rois ou les chasser par caprice, faire, tous les dix ans, une révolution plus ou moins stupidement sanglante, ôter Dieu de son gouvernement et de ses lois, supprimer l'Évangile, donner à la licence le nom de liberté, ériger le vol en principe, et se réserver le monopole de l'homicide pour l'appliquer à ceux qui portent le nom chrétien; calomnier, dépouiller, frapper, tenter d'anéantir l'Église, uniquement parce qu'elle est la conservatrice du droit; insulter le prêtre et conspuer la papauté, où réside le sacerdoce suprême; se croire tout permis, pourvu qu'il soit contre le Christ; quand, dis-je, vous voyez cela, et qu'au milieu des convulsions que cette maladie cause, vous voyez l'infirme atteint de ce terrible mal, saisi d'une telle admiration béate pour ses effets, qu'il les décore des noms pompeux de : marche ascensionnelle de l'esprit humain, de loi du progrès, de conquêtes des grands principes, etc., etc.; quand vous voyez, dis-je, votre malade tombé si bas, et, atteint de ce triste délire, faire l'apothéose du mal qu'il s'est donné, vous pouvez, avec certitude, affirmer qu'il en est arrivé à la période de l'*extase gangréneuse*, et que la carie a, sans doute, atteint les os.

S'enthousiasmer à la vue du mal que l'on s'est fait, uniquement parce qu'on se l'est fait, c'est là un des fruits de l'orgueil humain les plus communs à notre époque. L'homme prosterné devant ses propres ulcères, et l'humanité adorant ses abcès, tel est le spectacle hideux que notre temps fournit luxueusement à l'histoire, et l'opprobre qui couvrira ce siècle d'une flétrissure éternelle, s'il vient un temps et un siècle où notre postérité ne soit pas pourrie jusqu'à la moelle, de l'occiput à l'orteil.

Puis, allez parler à ces gens-là de ce qu'ils ont reçu! Allez leur dire les bienfaits de l'Église, cette noble mère de toutes les sociétés viables, vous les verrez grincer des dents, comme si vous portiez la main sur l'arche sainte. Pour eux l'histoire du monde ne date que de 89.

C'est encore là un des caractères de l'*extase gangréneuse*, dont la plupart des révolutionnaires sont atteints.

Ils vous dévoreront si vous leur dites qu'ils ont été créés par Dieu ; mais dites-leur qu'ils viennent d'une race de singes, ou d'une raie ou d'un phoque, et vous les verrez aussitôt tomber dans la béatitude de l'*extase*.

Dites-leur que Dieu gouverne les choses de ce monde, et, pour châtier votre audace, s'ils le peuvent, ils vous condamneront à mort, ou, tout au moins, à l'exil ; mais affirmez-leur que ce sont eux seuls qui règlent les destinées du temps, et que rien ne se passe sans leur ordre, ici-bas, ou sans leur permission, et aussitôt vous verrez apparaître l'*extase*.

L'extase de la gangrène morale est le mal propre de notre époque, et je m'étonne que jusqu'ici aucun praticien, ou aucun publiciste, n'ait entrepris d'en faire le diagnostic.

En attendant que je tente quelque chose dans cette voie, bien au-dessus de mes forces, je me borne, en ce lieu, à signaler le fait, pour assurer mon droit de découverte, et je constate que cette infirmité sociale n'est pas venue à ce degré tout d'un coup.

Les vrais pères de la révolution sont les hérétiques du seizième siècle, dont la fatuité a prétendu se passer de la tradition chrétienne. Eux aussi, fétiches d'orgueil, ont voulu que l'ère de la lumière datât d'eux. Et ce qu'il y a de fort triste à dire, c'est que plusieurs, même dans les rangs du catholicisme, ont emboîté le pas à ces réformateurs et suivi leurs errements.

Tel a été un des points de départ de la révolution à jamais glorieuse. Il fut de mode, en effet, — et cette mode est-elle bien passée? — il fut de mode, aux dix-septième et dix-huitième siècles, de passer toutes les traditions chrétiennes au crible, et, par esprit d'opposition à l'Église romaine, de répudier tout ce qu'on en pouvait répudier, même au détriment de sa propre gloire.

Cet esprit d'hostilité et de critique excessive a eu pour conséquence de se dépouiller des plus riches joyaux de son écrin historique, et de se déshériter des plus pures richesses de son patrimoine chrétien.

Il est étrange de constater les excès auxquels cette démangeaison d'opposition à Rome a porté les esprits, en France, même parmi les plus autorisés, dans le monde savant. Il est à peine un grand nom catholique des premiers siècles qui n'ait été ainsi rayé, par la critique, des annales du pays. Tandis que, chez les autres peuples, les traditions antiques se voient non-seulement respectées de la vraie science, mais encore interrogées avec un véritable et légitime intérêt; dans nos contrées malheureuses, au contraire, on dirait qu'un souffle maudit a passé, pour glacer la foi en la parole des pères, et tuer l'histoire elle-même, en l'étouffant sous de perpétuelles et injustifiables négations.

Ici, la plupart des écrivains semblent n'avoir reçu mission que pour détruire, et se sentir inhabiles à édifier. Peuple étrange, sans cesse préoccupé de diminuer son honneur et de ternir l'éclat de son grand nom, en dépoétisant son origine! Peuple absurde, qui s'imagine ennoblir son présent en déshonorant son passé!

La vraie grandeur des peuples date toujours de l'ère où ils se firent chrétiens, et marchèrent à la clarté de l'Évangile; aussi est-ce avec la plus légitime fierté qu'une nation se rattache aux premiers temps du christianisme. Les Gaules formaient une portion assez importante de l'empire romain, pour que les Apôtres, qui s'occupaient de la conversion du monde par ordre du divin Maître lui-même, ne les aient pas oubliées. Aussi dans toutes les provinces ecclésiastiques, y eut-il, dès les premières années de la naissance de l'Église, des missions et des missionnaires chargés d'y porter la bonne nouvelle aux peuples encore païens. L'Église, dans ses annales et dans sa liturgie, conserve et vénère les grands noms de ces premiers apôtres; les fidèles les prient, et des monuments séculaires, érigés en leur honneur, rendent témoignage de leur venue et des services qu'ils ont rendus.

Mais, parmi ces noms à jamais vénérables, en est-il un seul que la critique moderne n'ait tenté d'effacer? Saint Denis de l'aréopage, apôtre, évêque et martyr à Paris, et comme tel, invoqué et chanté par l'Église romaine, a été renié par ses propres fils, et sa glorieuse mort est reléguée, avec mépris, parmi les fables et les légendes. Il en serait de même de son compagnon, saint Eugène, si la catholique Espagne n'eût protégé sa mémoire, et gardé, à Tolède, le souvenir de son passage à Paris et de son martyre.

La tradition qui assigne la Provence à la prédication de Lazare, de Marthe et de Marie, n'a pas rencontré moins de contradictions. Et ce sont des gens du pays même, qui cherchent, avec une inexplicable rage, à déposséder leur patrie de cet inexprimable honneur. Le gallicanisme consentait à subir toutes les hontes, pourvu que Rome fût humiliée à son tour; ce qui est, pour une fille aînée de l'Église, une étrange manière de manifester son amour filial.

Nous avons sous les yeux, en écrivant ces lignes, un petit ouvrage, signé par un certain M. J. Gilles, que nous n'avons pas l'avantage de connaître, et qui ne cherche à prouver autre chose, sinon que ni Lazare, ni ses sœurs, ni aucun saint des temps apostoliques, n'ont jamais foulé, ni visité le sol de la Provence. Parmi les preuves que donne l'auteur, se trouve cette affirmation curieuse: savoir, que la Gaule ne fût évangélisée qu'au sixième siècle, ce qui dérangerait bien le fait de saint Irénée, de saint Pothin, de sainte Blandine, et de tant d'autres illustres saints, dont, au deuxième siècle, les uns étaient évêques et les autres martyrs de Lyon.

Le but de M. Gilles est de déposséder son pays de la gloire d'avoir été évangélisé par la sainte famille de Béthanie. Il n'y a, selon lui, ni de Lazare, ni de Marthe, ni de Marie, en Provence : Lazare c'est Marius, le vainqueur des Cimbres et des Teutons; Marie-Magdeleine c'est la femme de Marius, qui se nommait Julie, et Marthe était une prophétesse qui suivait l'armée romaine, et qui portait le même nom. Dans cette brochure, on tente de tout démolir : saint Trophime d'Arles, saint Maximin et jusqu'à sainte Victoire, honorée sur une montagne près de Vauvenargues, qui devient, sous la plume de l'écrivain, un personnage allégorique, représentant le triomphe du célèbre consul.

Au sujet de cette dernière légende, M. Gilles entre

dans un noble enthousiasme, et l'enthousiasme, chez lui, à ce qu'il paraît, constitue un véritable danger littéraire, car il en résulte des phrases comme celle-ci :

« Elle (Victoire) porte à la main la palme qui couronne le vainqueur ; mais si, dans sa justice, la main de Dieu posa SA nimbe (*sic*) sur le front de la déesse, l'humanité outragée par les flots de sang qu'il fit répandre plus tard eut bientôt rejeté dans l'oubli la gloire du consul, qui devait être immortelle. »

Un livre écrit dans ce style doit être assurément peu lu ; mais enfin, puisque nous avons eu la mauvaise chance de le parcourir, nous avons cru devoir le mentionner, comme une des mille preuves de cette manie déshonorante que l'on a, en France, de maltraiter l'histoire pour l'unique plaisir de rabaisser l'antiquité et la plus pure gloire de son pays.

Si le temps nous le permet et si le cœur nous en dit, nous pourrons revenir un jour sur ce léger et incorrect opuscule auquel nous regrettons qu'aucun Provençal n'ait encore répondu. Pour aujourd'hui, nous nous contenterons d'en extraire une seconde et dernière citation pour la poser, comme UNE *nimbe,* sur le front de M. Gilles : c'est le paragraphe qui termine le volume.

« Les saints qu'ont vénérés nos pères..... recevront

toujours nos vœux et nos hommages..... Mais nous rendrons aussi à Marius ses monuments et ses triomphes, et Rome chrétienne n'apprendra pas sans un tressaillement d'orgueil, que le saint dont elle a protégé l'image, dont elle a conservé le culte, c'était un de ses enfants des premiers âges : le terrible consul qui, avant de l'avoir fait trembler par ses proscriptions, avait sauvé Rome et l'Italie de la fureur des barbares qui précédaient Attila. »

Nous confessons ingénument ne pas très-bien comprendre comment « Rome chrétienne tressaillera d'orgueil» en pensant que le saint Caïus Marius, qui mourut près d'un siècle avant la naissance de Jésus-Christ, et qui fit « trembler » le christianisme « par ses proscriptions », quatre-vingt-six ans avant l'ère chrétienne, est « un de *ses* enfants des premiers âges », «dont elle a protégé l'image » et « conservé le culte ». Ceci nous semble bien tourné; mais bien fort.

Quoi qu'il en soit de ces naïvetés grammaticales, nous revenons à notre saint, pour constater que, de même que saint Denis, saint Lazare, sainte Marthe, sainte Marie-Magdeleine, saint Maximin, saint Trophime et même sainte Victoire, il a dû, lui aussi, se voir contester son histoire, son identité et son existence par ceux-là mêmes dont il évangélisa les pères, et qui lui doivent, après Dieu, le titre de chrétiens.

Comme saint Martial, dans ses courses apostoliques, a aussi prêché Jésus-Christ en Bretagne, ce sera, cette fois, un enfant des vieux Celtes qui lui payera le tribut de la reconnaissance, et nul ne le fera jamais avec plus de gratitude et d'amour.

IV

UN ENFANT DE BÉNÉDICTION.

Nous n'avons pas l'intention de donner à nos lecteurs un travail scientifique; mais nous désirons aussi ne point passer pour leur offrir une œuvre d'imagination. Nous avons trouvé ce que nous publions ici, soit dans des documents respectables, soit dans un livre, fort sérieusement écrit par un membre de la Société archéologique et historique du Limousin, livre qui serait parfaitement à sa place dans toutes les bibliothèques paroissiales, où l'on en rencontre beaucoup qui, quelquefois, ne le valent pas (1).

(1) *Histoire de saint Martial*, premier évêque de Limoges,

L'époque où vécut saint Martial nous est fournie par le plus savant pape du dernier siècle, l'illustre Benoît XIV. « Saint Martial », nous dit-il, « ayant été envoyé dans les Gaules par saint Pierre, forma à la piété chrétienne les peuples de Limoges, de Toulouse, de Bordeaux, de Cahors et les autres situés entre le Rhône et l'Océan. » Cette date et ces faits sont également consignés dans les livres liturgiques de plusieurs diocèses.

A trois lieues au nord de Jérusalem, se trouve, dans la tribu de Benjamin, la petite ville de Rama, célèbre par la prédiction de Jérémie et par le massacre des Innocents ; ce fut dans le territoire de cette ville que naquit notre saint, de parents nobles et pieux ; son père se nommait Marcellus, et sa mère, Élisabeth. La date très-précise de sa naissance ne nous est pas parvenue ; mais, à peu de chose près, elle doit être fixée à l'an 15 de l'ère chrétienne, c'est-à-dire quinze ans après la naissance de Notre-Seigneur Jésus-Christ.

Un concile de Limoges nous apprend qu'il était « lié par la consanguinité à saint Pierre, auquel le divin Maître avait confié les clefs du paradis : par conséquent, à saint André son frère et à saint Étienne, le premier

apôtre d'Aquitaine, etc., etc., par M. l'abbé Dulery. Limoges, librairie de Dilhon Vivès, 1859.

des martyrs, qui était lui-même cousin de saint Paul ».

Il n'avait pas encore atteint l'âge de l'adolescence quand son père, comme on l'avait autrefois fait pour Samuel, le confia aux soins de la Synagogue, où il fut élevé dans les écoles des grands rabbins, afin d'y être instruit dans les sciences et les lettres divines et humaines : ce fut là que se développa sa jeune intelligence jusqu'à l'âge de seize ans.

L'auteur d'une de ses anciennes vies nous apprend que « dès son enfance, Dieu l'avait prévenu de ses bénédictions. Il lui avait donné un esprit si docile, un cœur si pur, un si heureux naturel, et un penchant si peu ordinaire pour la vertu, qu'on ne pouvait le regarder sans admiration. Il allait souvent au Temple, pour méditer les vérités éternelles; ce fut dans ces méditations qu'il puisa, en grande partie, cet esprit de piété et de religion qui devait le rendre digne d'être, un jour, un des plus généreux et des plus fervents disciples du Sauveur du monde. »

L'enfant était entré dans sa quinzième année quand Notre-Seigneur Jésus-Christ commença à prêcher l'Évangile en Judée ; et, soit qu'une plus grande liberté fut alors accordée aux élèves, soit à cause des liens de parenté qui l'unissaient avec deux des apôtres du Sauveur, le fait est que l'attrait divin des paroles du Maître s'était fait, dès l'abord, sentir à sa jeune âme, et qu'il lui arrivait parfois de se mêler aux douze et de suivre au loin les leçons et les traces de Jésus.

Ses parents, qui n'ignoraient pas ces absences, ne s'y opposaient point, connaissant, au moins par ouï-dire, la sainteté de la doctrine du Seigneur, et exigeant, seulement, par prudence, que leur fils emportât quelques vivres quand il devait entreprendre de trop longues excursions et s'aventurer dans le désert.

Quels que soient les charmes de la civilisation moderne, les miracles opérés par les grands principes et les attraits de la gendarmerie, ce n'est jamais sans une sorte de mélancolique regret que ma pensée se reporte sur le genre de vie qu'il était possible de mener autrefois. Le progrès et ses conquêtes peuvent avoir leur bon côté; mais ce qu'on appelle la liberté individuelle, pour laquelle se sont faites tant de dépenses de paroles et de papier, ne me semble pas avoir gagné beaucoup dans la marche ascensionnelle du genre humain. Un saint François d'Assise aurait aujourd'hui de fortes chances de comparaître, tous les deux ou trois mois, devant la police correctionnelle, et un saint Gaétan Thiène serait bien sûr de se voir interné dans un dépôt de

mendicité. Quant à saint Siméon Stylite, il n'échappe-
rait certes pas à l'hôpital des fous. Ces personnages et
leur manière de vivre ont bien rendu, cependant,
quelques services à la société humaine ; mais les temps
sont si changés ! et, avec les temps, les mœurs.

M. Renan a fait cette réflexion avant moi, et a dit
assez justement que la vie menée par le divin Maître,
aux jours de sa mortalité, aujourd'hui ne serait plus
possible, cela est vrai ; mais cet estimable romancier
oublie que c'est précisément le motif pour lequel le Seigneur a choisi une époque où sa venue était possible, et
qu'il l'a choisie lui-même, et que le monde ne s'en est
pas plus mal trouvé.

Un des lieux que Jésus semblait affectionner particulièrement était la Galilée, contrée paisible, à l'aspect
doucement mélancolique, habitée par des gens simples et
pauvres, dont un certain nombre exerçaient la profession
de pêcheur. Un vaste lac, que l'on nommait le lac de
Tibériade, ou encore la mer de Galilée, soit à cause de
son étendue, soit à raison des tempêtes qu'y soulevaient
les orages, s'étendait au milieu de ce pays couvert de
montagnes, entre lesquelles serpentaient de délicieuses
vallées où, dans l'herbe verte et fraîche, s'épanouissaient
des fleurs par milliers. Dès qu'on avait quitté les bords

du lac, et qu'on s'élevait sur les collines avoisinantes, au milieu desquelles il s'arrondissait comme un limpide miroir, on ne trouvait plus trace d'habitations humaines, et l'on entrait dans une sorte de désert.

Ce n'était pas le désert morne et triste comme celui que dessèche le sable brûlant d'Afrique ; mais le désert avec tout son charme, le charme de la solitude et le rafraîchissement de la paix. C'était là que le bon Pasteur avait trouvé ses brebis les plus fidèles, Pierre, André, Jacques et Jean, appelés, de pêcheurs de poissons qu'ils étaient, à devenir pêcheurs d'hommes ; c'était là qu'il venait se reposer de ses fatigues et de ses travaux avec ses disciples, après qu'il les avait envoyés deux à deux, prêcher sa parole, et annoncer sa doctrine devant sa face, et en son nom.

Quand ils étaient de retour de leurs courses apostoliques : Venez, leur disait-il, et reposez-vous un peu. Puis, pour échapper à la foule qui le suivait sans cesse, il montait avec eux sur une barque, traversait la petite mer de Galilée, et allait, dans les gorges de quelques montagnes solitaires, écouter le compte rendu de leur mission, le récit des prodiges qu'ils avaient opérés en son nom, leur donnant ses avis, pleins de divine sagesse, et ses réprimandes, pleines de divine douceur.

Un jour, — c'était presque au début de sa vie publique, — un jour que, selon sa coutume, il les avait envoyés quelque temps ainsi en mission, il les prit avec lui, pour les conduire dans cette calme retraite. Un peuple immense le suivait : les uns, qui l'avaient accompagné lui-même, les autres, que les disciples lui avaient amenés. Pressé de toutes parts par cette multitude pleine d'enthousiasme et d'amour, il voulut leur parler encore, et montant sur la barque de Simon-Pierre, il recommença à leur prêcher le royaume de Dieu. Ensuite de quoi, il les bénit, les congédia et fit prendre à l'esquif la route qui conduisait vers l'autre rivage.

Mais à peine la barque légère avait-elle dénoué ses amarres, et quitté l'anse où elle avait trouvé un abri, que toutes les autres barques se remplissent de gens qui se mettent à sa suite dans l'intention de débarquer avec lui et de l'entendre parler encore : de sorte que la mer de Galilée se voit bientôt couverte de bateaux qui déploient leurs blanches voiles, glissent joyeusement sur le cristal de l'onde, et s'acheminent sur les traces de la barque de Simon-Pierre, qui portait le Seigneur.

D'autres, qui n'avaient pu trouver d'esquif, faisaient le tour du lac et se hâtaient d'atteindre la rive opposée, soit pour y rejoindre, soit pour y attendre le divin

Maître. De sorte que, lorsqu'il mit pied à terre, il se trouva entouré d'autant de monde que lorsqu'il était parti, ce qui ne l'empêcha pas de prendre avec ses disciples le chemin de la montagne, dans le dessein d'aller chercher, pour eux et pour lui, dans ce désert, la solitude et la paix.

Ils cheminèrent longtemps ainsi à sa suite, eux, pour l'écouter et le voir, lui, s'arrêtant à chaque instant, pour consoler une peine, guérir un infirme, donner quelque céleste avis.

Il y avait là une grande foule de peuple de tout âge et de toutes conditions, des enfants, des vieillards et des femmes.

Le divin Rédempteur, s'étant assis sur le penchant d'une colline, et levant les yeux sur ces pauvres gens, en eut compassion, et dit à Philippe : Comment achèterons-nous du pain, afin que ces pauvres gens aient à manger ? Mais il disait cela pour sonder sa pensée, car il savait parfaitement tout ce qu'il devait faire.

« Philippe lui répondit : Quand nous aurions pour deux cents deniers de pain, cela ne suffirait pas pour que chacun en eût un petit morceau.

« André, frère de Simon-Pierre, l'un des disciples de Jésus, lui dit :

« Il y a bien ici un jeune enfant qui a cinq pains d'orge et deux poissons, mais qu'est-ce que cela pour tant de monde?

« Faites-les asseoir, dit Jésus, » et les apôtres obéirent et firent asseoir le peuple sur l'herbe, qui était abondante en cet endroit.

Il semble que ces faits durent se passer vers le printemps, c'est du moins ce que paraît nous indiquer le récit de l'Évangile, nous disant que « la Pâque était proche » ; c'était, comme l'on sait, la fête principale des Juifs. Jésus était assis sur la montagne : autour de Lui étaient ses disciples et ses apôtres, sous ses yeux se trouvait toute la multitude attirée par l'éclat de ses miracles, la curiosité, ou le besoin d'obtenir la guérison de quelque mal corporel pour soi-même ou pour l'un des siens. Cette multitude affamée et besoigneuse, qui paraissait un troupeau sans pasteur, émut de compassion le cœur de l'Homme-Dieu. Quand les Apôtres eurent exécuté ses ordres, et que chacun fut installé sur l'herbe de la prairie, Jésus, alors, appela à lui le jeune enfant propriétaire des pains d'orge et des petits poissons, et lui demanda s'il en voulait bien faire le sacrifice, ce à quoi l'enfant consentit avec une abnégation charmante, et d'autant plus méritoire qu'il ne lui restait plus rien pour se nourrir, et qu'en donnant çela, il donnait tout.

« Jésus prit donc les pains et les poissons, et après
avoir rendu grâces à Dieu, il en donna à manger à tous
ceux qui étaient assis, et dont le nombre, sans compter
les enfants et les femmes, s'élevait à environ cinq mille
hommes, et ils en mangèrent tous et tous furent ras-
sasiés. »

Et quand ils eurent terminé leur repas, les apôtres,
par ordre du Maître, recueillirent les fragments et en
remplirent douze corbeilles.

Et ces pauvres gens, dans la stupeur que leur causait
cet incomparable prodige, voulaient témoigner, au Sauveur des hommes, leur admiration et leur reconnaissance en lui donnant le titre de roi. Ils ignoraient que
la mission du Fils de l'homme sur cette terre n'était
pas d'être servi, mais de servir.

Et Jésus, le roi des rois, pour échapper à ce témoignage spontané de leur gratitude, se déroba à leur présence et s'enfuit dans la montagne, où, pendant quelque
temps, il demeura caché et tout seul.

Or, le jeune enfant dont la Providence divine daigna
se servir pour être la cause occasionnelle de ce miracle,
un des plus éclatants de ceux qui aient été opérés par
Jésus-Christ, ce jeune enfant était précisément celui

dont il est question dans la présente étude, c'était notre glorieux saint Martial.

Ce fait, que nous a transmis la tradition la plus respectable, et qui se trouve dans les écrits des auteurs les plus sérieux, a reçu de l'Église même une sorte d'authenticité plus grande et plus sacrée, en se voyant rappelé dans les actes d'un concile, d'où il a passé dans la légende du saint, légende que l'Église fait réciter à ses prêtres, dans le bréviaire, aux leçons de matines, pour le diocèse de Limoges.

V

LE BAPTÊME.

L'âme humaine a besoin de Dieu ; mais non pas seulement ce besoin qui est commun à tous les êtres, dont l'existence doit venir de Dieu et qui subsistent en Dieu, mais sans communier à sa divine substance et sans avoir conscience de l'Être dont la seule volonté les produit, les conserve et les féconde. Il faut à la créature raisonnable et libre une communion plus intime avec la nature divine : il lui faut, pour qu'elle repose en paix dans sa vie, même mortelle, une pleine union à l'infini, et que cette union se consomme dans l'amour.

Mais à quoi serviraient ces aspirations, si Dieu lui-même n'eût trouvé le secret et indiqué la voie qui peut les satisfaire? A quoi servirait de convoîter ces noces éternelles, si le fiancé divin ne s'inclinait lui-même vers sa mortelle fiancée, et ne daignait lui prendre la main pour l'attirer à lui? Les bras de l'homme sont trop courts pour atteindre même ce qu'il désire dans l'ordre de la nature, et Dieu·n'a voulu lui donner aucun instrument qui suffise à rassasier les convoitises de son esprit et de son cœur.

Tous les autres êtres créés possèdent tout ce qu'il leur faut pour jouir pleinement de la dose de vie qu'ils ont reçue, et s'en contentent. La fleur des champs ne veut que la lumière, la nourriture, et les caresses du vent, et Dieu lui donne la brise, les sucs nourriciers de la terre et les rayons de son soleil : et cela suffit à la fleur pour qu'elle s'épanouisse sur sa tige dans un constant et gai sourire. L'oiseau se trouve heureux et chante sa joie, pourvu qu'il ait l'atmosphère, et les bois, et son nid, et la goutte d'eau du ruisseau, et la graine qui mûrit dans la plaine, et Dieu concède à l'oiseau toutes ces choses et sert sa table avec une munificence incomparable, lui donnant de goûter aux primeurs avant qu'elles aient été cueillies pour le festin des rois. Et de ces biens que Dieu lui accorde, l'oiseau se contente et ne demande rien autre, ni rien de plus.

Mais l'homme reçoit les mêmes dons, et cela ne lui saurait suffire. La forêt est la patrie de l'oiseau, la prairie est celle de la fleur, mais pour l'homme, toutes ces choses sont la terre d'exil : il sent qu'il est le roi du monde, et pourtant dans le monde il sent encore qu'il n'est pas chez lui. Tout être a ses instincts dont il est tributaire : le poisson a l'instinct de demeurer dans l'onde, comme l'insecte celui de voler vers l'arbre qui doit le loger et le nourrir ; les instincts de l'homme sont vers une autre sphère, et, malgré lui, ses yeux cherchent à percer les voiles de la nature, pour nourrir ses regards de la sphère du surnaturel.

Et comme on aime ce que l'on voit, et comme on veut ce que l'on aime, l'homme, dès que sa pensée s'illumine au contact de la révélation divine, se trouve attiré avec une irrésistible puissance à l'amour, et, par l'amour, à la possession de Dieu. Otez Dieu de l'histoire du monde, ôtez Dieu de la pensée humaine, ôtez Dieu du cœur humain ou de l'humain langage, et dites-moi ce qui restera de ces choses. Nous sommes tributaires de nos appétits, et le grand appétit de l'âme, c'est l'appétit de Dieu.

Comme nous ne voulons point faire en ce lieu un cours de théologie, nous nous contenterons de mettre ici

ces quelques ressouvenirs, ébauche informe d’une vérité
radieuse et douce, pour nous servir de trait d’union
entre le sujet d’hier et le sujet d’aujourd’hui. Ces lignes
nous fourniront un facile passage entre le récit des disciples du Christ, nourris dans le désert, et celui de l’institution d’un sacrement auguste par lequel le même
Christ nourrit l’humanité tout entière, et la nourrit de
sa propre vie dans le monde du temps, cet autre sombre
et aride désert, où ne pousse que de l’herbe, et de
l’herbe desséchée, que la poussière déshonore et que flétrit le vent d’hiver.

Dieu était maître de déterminer le procédé en vertu
duquel se dût opérer le prodige de l’union des deux natures divine et humaine, et il l’a déterminé dans des
conditions d’une sagesse incomparable et d’un amour
infini. Il a inventé un symbole auquel il a communiqué
l’efficacité de réaliser, et au delà, toutes les aspirations
humaines; et ce symbole matériel, signe extérieur et
sensible d’une grâce cachée, se nomme le sacrement de
baptême.

Le baptême a été institué, sans aucun doute, pour
guérir l’homme de la lèpre originelle; mais tel n’a pas
été le but unique, ni peut-être même le but principal de
son institution. L’onde limpide qui purifie est encore

l'onde qui désaltère, et tandis que la céleste rosée baptismale restitue à l'âme qui en reçoit le merveilleux contact, la pureté première, et une pureté plus sacrée que celle que reçut Adam dans l'Éden, en même temps l'âme devient capable de porter Dieu, et prend le titre d'épouse de Dieu.

Le terrestre breuvage, en touchant ses lèvres brûlantes, les rafraîchit dans la grâce céleste, et le fini de l'homme se désaltère de l'infini de Dieu.

C'est pour cela, sans aucun doute, que le baptême peut être conféré efficacement même à celui en qui la souillure originelle aurait été effacée, même à celui qui n'en aurait jamais contracté l'amère contagion. C'est pour cela que, selon un grand nombre d'auteurs, saint Jean-Baptiste, quoiqu'il eût été sanctifié dans le sein maternel, et la très-sainte Vierge Marie elle-même, cette Mère immaculée du Sauveur, durent recevoir et reçurent le baptême des mains mêmes de Jésus-Christ. Ni celui-là, ni, surtout, celle-ci, n'avaient besoin de voir guérir un mal que la Vierge sans tache n'avait jamais contracté et avec lequel le Précurseur n'était pas né ; mais ils durent être baptisés parce que, suivant un Père de l'Église, sans le baptême, il est impossible d'être incorporé à Jésus-Christ et de participer aux autres sacrements dont le baptême est la porte. C'est une pieuse tradition, dans l'Église catholique, que Notre-Seigneur Jésus-Christ, après avoir voulu, par la réception du baptême de Jean, instituer le sacrement de son propre baptême, en conférant à l'élément de l'eau l'efficacité de produire, entre les mains de l'homme, la grâce sacramentelle, voulut administrer à quelques-uns des siens, et de sa main divine, cette même grâce, et qu'après avoir baptisé sa sainte Mère et son propre baptiste, il baptisa encore saint Pierre, le prince des Apôtres, le chef de son Église, le roc inébranlable sur lequel devait être bâtie la maison de Dieu. Puis Pierre baptisa André, Jacques et Jean, les deux fils de Zébédée, et ceux-ci, les autres apôtres. Quant aux disciples, ils furent baptisés par saint Pierre et saint Jean.

Car, en outre des douze apôtres, lesquels avaient une mission en partie personnelle et incommunicable, étant les douze portes de la céleste Jérusalem, le divin Maître s'était choisi des disciples qui, au nombre de soixante-douze, avaient également une sorte d'apostolat spécial à exercer. Les apôtres, avec la plénitude du sacerdoce, avaient reçu chacun une sorte de juridiction universelle et, quoique subordonnés à Pierre, leur domaine s'étendait sur l'univers entier. Ils furent le fondement, le prototype et la source d'où l'épiscopat découle : et, bien que, dans ces temps primitifs, le mot évêque fût, quelquefois, attribué à ceux qui, même dans un ordre inférieur, exerçaient dans l'Église une surveillance active, l'usage ne tarda pas à consacrer ce nom et à le réserver à ceux-là seuls qui ont reçu de Dieu et de l'Église, dans les diocèses qui leur ont été confiés, la charge de pasteur.

De même que la sainte Écriture, pour des raisons que Dieu s'est réservées, ne nous a pas transmis les noms de la plupart des soixante-douze disciples du Sauveur, de même elle a gardé le silence sur la plupart de leurs fonctions. Il est certain, toutefois, qu'ils représentent le sacerdoce des prêtres, et qu'ils étaient aussi investis, dans un ordre inférieur, du titre et de la mission d'apôtre. Il y avait donc, dans l'Église naissante, tout ce qui existe dans l'Église de nos jours ; les noms ont changé, les circonstances et les formes extérieures se sont modifiées; mais tout ce qui est essentiel existait dès l'origine, subsiste encore et demeurera jusqu'à la fin des temps. On peut supprimer une œuvre humaine, même la plus sainte ; on peut effacer de l'Église un ordre religieux, même universellement répandu; mais on ne peut toucher à ce qui a été la constitution originelle de l'Église, donnée par son fondateur même. On n'y a jamais touché et on n'y touchera jamais.

Saint Martial, quoique encore enfant, avait mérité, par ses vertus et son amour ardent pour la personne sacrée du Sauveur, d'être admis par celui-ci au nombre de ses disciples. Cet enfant béni avait amené au Maître ses pieux parents, Marcellus son père, et sa mère Élisabeth ; tous les deux demandèrent le baptême et furent baptisés par saint Pierre lui-même, et sur l'ordre de Notre-Seigneur Jésus-Christ.

Martial avait déjà reçu cette grâce de la main du prince des Apôtres, et comme, dans ces temps primitifs, l'usage de donner un parrain aux néophytes n'existait pas encore, c'était le baptiste lui-même qui servait de parrain au baptisé, auquel souvent il donnait son propre nom pour l'ajouter au sien.

Ce fut ainsi que le doux et généreux enfant prit, à son baptême, le nom de son père spirituel et fut depuis, dans l'Église naissante, connu sous le nom de Martial-Céphas, nom qu'il se donne à lui-même dans des écrits adressés à quelques chrétientés nouvelles, et que le temps a respectés.

Nous devons au pape Jean XIX un renseignement précieux sur le jeune disciple, renseignement que le souverain pontife avait de son côté fidèlement recueilli dans le trésor des traditions chrétiennes : « Le bienheureux Martial », c'est ainsi que le pape s'exprime, « après avoir été baptisé par le prince des Apôtres, fut embrasé d'un si grand feu du Saint-Esprit que, dès ce jour, il quitta ses parents, et se donna au service du seul fils de Dieu, ne désirant, avec passion, autre chose et autre avantage, que Jésus-Christ pour maitre et pour seigneur. »

Martial était alors âgé de quinze ans. Il avait été, ainsi que nous le dit un pieux auteur, élu vierge par Jésus, l'amant des vierges, que désormais il ne quitta plus. Il avait compris, dès sa plus tendre jeunesse, le sens profond des paroles du Maitre : « Celui qui, pour moi, laissera son père, sa mère, ses frères, ses sœurs, et tout ce qu'il possède, sera récompensé au centuple et possédera la vie éternelle. » Il l'avait compris, et il le mit aussitôt en pratique.

En recevant le titre de disciple, il en reçut pareillement les fonctions. Il prêchait la doctrine du Maître, il annonçait, de sa part, le royaume de Dieu, il opérait des prodiges en son nom; en son nom, il opérait le prodige plus grand encore de la résurrection des âmes, en conférant le baptême aux nouveaux convertis. Car, quoique le saint Évangile nous dise que Jésus baptisait, en réalité il ne baptisait point en personne, mais il faisait administrer ce sacrement, en son nom, par ses apôtres et ses disciples, dans le but, sans doute, de nous enseigner que, quel que soit le ministre qui nous confère le sacrement du baptême, la même grâce nous est toujours accordée par le seul véritable baptiste, qui est le Seigneur Jésus-Christ.

Garder l'humilité au milieu des fonctions du plus sublime ministère est une œuvre nécessaire, mais quelquefois malaisée. Aussi, les apôtres eux-mêmes, malgré les exemples et les leçons souvent répétées du Sauveur, méritaient-ils assez souvent de recevoir de lui de doux reproches. Avant Jésus-Christ, l'humilité était une vertu peu connue, encore moins pratiquée, et presque tombée dans le mépris universel. Il n'est point étonnant que les envoyés du Maître, encore imbus des principes du monde, et d'ailleurs fort grossiers, se soient laissé entraîner plus d'une fois par des pensées et des rêves d'orgueil ; et l'Évangile nous en fournit quelques témoignages.

Un jour, entre autres, qu'ils se rendaient dans la ville de Capharnaüm, ils passèrent leur temps, le long de la route, à disputer entre eux, pour savoir lequel était le plus grand et lequel serait le plus honoré dans le royaume des cieux. Quand ils furent tous arrivés dans la maison où ils devaient se réunir, Jésus, qui connaissait toutes choses, les interrogea, leur demandant: « De quoi parliez-vous donc, le long du chemin? »

« Et ils se taisaient, car ils se souvenaient très-bien que, pendant la route, ils s'étaient querellés pour savoir lequel d'entre eux était le plus grand.

« Jésus alors s'assit, et, appelant les douze apôtres autour de lui, il leur dit : « Si quelqu'un veut être le premier, il sera le dernier, et le serviteur de tous. »

Puis il appela un enfant qu'il plaça au milieu de ses apôtres. Il l'attira doucement dans ses bras, le serra sur son cœur, le baisa tendrement, et leur dit :

« En vérité je vous le dis, si vous ne vous convertissez point, et si vous ne devenez semblables à de petits enfants, vous n'entrerez point dans le royaume des cieux.

« Et quiconque s'humiliera comme cet enfant, celui-là sera plus grand dans le royaume des cieux. »

Quelle formidable sentence, sortie de la bouche d'un tel maître! Les apôtres eux-mêmes, les élus et les appelés du Sauveur, avaient pu tomber dans un tel excès d'orgueil que, s'ils y fussent demeurés, ils auraient été éternellement exclus du céleste royaume. Ils avaient trouvé moyen de se pervertir à la suite du divin Maître, et avaient tellement besoin de conversion, qu'à cette conversion leur salut éternel se voyait attaché. Ceci est parole d'Évangile.

Or, à côté de cette grande leçon que Jésus-Christ nous donne, il y a place encore pour un autre sentiment : et c'est celui de l'admiration pour cet enfant que le Sauveur appelle, et qu'il daigne proposer pour modèle à ses apôtres eux-mêmes. Il s'était donné quelquefois pour exemple, en affirmant et sa douceur et l'humilité de son cœur ; mais voici que, cette fois, il en choisit un autre, et que cet autre, il le propose comme modèle à ses amis. De quelle éminente sainteté devait donc être doué cet être privilégié de Dieu! et quelle ne devait pas être la suavité qui descendait dans cette jeune âme, quand elle se sentait étreinte dans les bras, et doucement emprisonnée sur le cœur de Jésus !

Oh ! avoir passé là une heure ! avoir partagé la joie ineffable de saint Jean, reposant sa tête sur la poitrine brûlante de son Sauveur ! avoir pu compter les battements de ce cœur dont l'amour a sauvé le monde ! Voilà ce que Notre-Seigneur Jésus-Christ a donné à un être humain, et une des clartés que nous transmet l'Évangile. Et cet enfant a subi le divin contact et en a reçu l'influence : cet enfant a reposé sa tête sur cette fournaise de charité et de lumière, et Dieu a voulu qu'il ne se fondît pas d'amour! Et comment donc se nommait-il cet enfant si beau, si humble et si modeste? Cet enfant se nommait Martial-Céphas, c'était lui, notre jeune saint, le filleul de saint Pierre, c'était le disciple que Jésus aimait à cause de son innocence, de son humilité parfaite et de sa parfaite chasteté.

Ce fait est affirmé par les plus sûrs critiques et les plus doctes écrivains. Quand, à l'appui de son exactitude, on peut apporter sur un fait le témoignage de saint Thomas d'Aquin, la critique la plus sévère doit être satisfaite..

Nous terminons par quelques lignes de saint François de Sales, sur ce même sujet : « O glorieux enfant, dit ce grand saint, glorieux enfant, qui a mérité les doux embrassements de Jésus-Christ! Voyez saint Martial, car il fut, comme on dit, le bienheureux enfant duquel il est parlé en saint Marc. Notre-Seigneur le prit, le leva et le tint assez longtemps entre ses bras. O beau petit saint Martial, que vous êtes heureux d'avoir été saisi, pris, porté, uni, joint et serré sur la poitrine céleste du Sauveur et baisé de sa bouche sacrée, sans que vous y coopériez qu'en ne faisant point résistance à recevoir ses divines caresses! »

Ces derniers mots renferment une leçon que comprendront peu d'âmes sans doute; mais celles qui la comprendront seront heureuses de l'avoir trouvée ici, et d'avoir appris, de deux si grands saints évêques, que la plus précieuse coopération à la grâce consiste à « ne point faire résistance à recevoir » ce que nous veut donner Dieu.

D'après une pieuse tradition, Notre-Seigneur, pendant qu'il proposait saint Martial comme modèle à ses apôtres, avait la main appuyée sur la tête de l'enfant et un grand nombre d'auteurs attestent que l'on voyait l'empreinte des doigts de la main adorable du Sauveur sur cette tête bénie, et qu'il en porta les marques pendant toute sa vie, et même après sa mort.

VI

INITIATION AU SAINT MINISTÈRE.

Trois ans se sont écoulés, et écoulés pour Martial à la suite du divin Maître. Pendant trois années, il a bu la vérité à sa source, contemplé la lumière au foyer de la lumière, et embrasé son cœur au contact de celui qui est amour. Il a assisté à toutes ces grandes scènes évangéliques que les apôtres ont prêchées et dont nous trouvons les narrations si émouvantes dans leurs écrits. Ce que nous lisons, nous, avec les yeux humides d'attendrissement, dans les pages refroidies des saintes Écritures, eux l'ont vu de leurs yeux et touché de leurs mains.

Mais si l'on veut bien se souvenir que ce sont les

cœurs purs auxquels a été accordé le privilége de voir Dieu, et les humbles qu'il comble de ses grâces, quels ne durent pas être les fruits que Martial retira de ces relations presque continuelles avec le Fils de Dieu ! Et, soit dit en passant, nous ne comprenons pas que ce grand saint n'ait pas été choisi particulière- ment pour le patron ou, du moins, l'un des patrons spé- ciaux de la jeunesse, ayant été, dans son enfance, donné par Notre-Seigneur comme modèle à son Église, et pré- senté comme le type de la perfection pour les hommes, dans la personne de l'enfant.

Lorsque le Maître eut achevé son terrestre pèlerinage Martial avait environ dix-huit ans. Il avait assisté aux actes les plus considérables de la vie de l'Homme-Dieu. C'était, selon le témoignage des auteurs, un des témoins de la résurrection de Lazare, et l'un des membres les plus aimants et les plus aimés de cette douce famille spirituelle dont s'était entouré le Seigneur. Prédestiné aux sublimes fonctions sacerdotales, il convenait que la sagesse et l'amour de son Maître l'initiassent graduelle- ment aux grands mystères qu'il devait être, dans la suite, appelé à dispenser. Et, comme la vie chrétienne n'est autre chose que la vie du Verbe fait chair, s'épa- nouissant et se perpétuant dans les âmes, il fallait que

Martial commençât par s'en nourrir lui-même, et que dans la contemplation de la Vie, il apprit le secret de vivre, en l'étudiant dans son immense profondeur.

Cela était nécessaire, mais cela ne suffisait pas encore. Pour posséder dans son sein la vie et sa plénitude, il faut la posséder dans le mystère de sa fécondité. Nulle société n'est et ne peut être parfaite qu'à la condition d'être féconde, et celui qui est la sagesse incarnée et la puissance sans limites ne pouvait manquer de déposer dans son Église cette preuve de sa divine origine et ce témoignage de son amour. L'essence divine, source et raison de toute vie, est nécessairement féconde, et c'est parce qu'elle est telle que le Père engendra son Fils, son Verbe éternel, avant que l'aube du temps ne s'éveillât, et qu'il communique, avec la vie, cette puissance de la transmettre à tout être ayant vie.

Or, celui qui rend féconds la fleur des champs et l'insecte que, sans le voir, mon pied écrase en passant, celui-là ne pouvait, à son chef-d'œuvre vivant, refuser ce qu'il départit à l'insecte et à la fleur. Ainsi fit-il dans les sacrements qu'il institua, et dont il voulut différer l'institution jusqu'au jour de ses adieux suprêmes.

Dans la Ville sainte, sur le mont Sion, non loin des ruines du palais de David, où l'on voyait encore les tombeaux de ce roi, de Salomon et d'autres princes de Judée, se trouvait une maison appartenant à Marie, la mère de Jean, qui avait été surnommé Marc, cousin de Barnabé, et l'un des quatre évangélistes. Cette demeure, qui était vaste, et sise dans un quartier solitaire, a été appelée à jouer un rôle important dans l'histoire de l'Église naissante. Ce fut, en effet, dans une chambre de cette habitation de l'une des saintes femmes, que se passèrent les événements les plus grands de la naissance du christianisme. Ce fut là, en particulier, que furent institués le sacrement de l'eucharistie et celui de pénitence, ce fut là que le Sauveur du monde apparut plusieurs fois à ses disciples, après sa résurrection. Ce fut là que, le jour de la Pentecôte, se passa le grand mystère de la descente du Saint-Esprit.

La salle de cette maison où s'opérèrent tous ces prodiges se nomma, plus tard, le cénacle. Elle était fort vaste, placée dans la partie la plus élevée de l'habitation, et, pour cette raison, plus favorable au recueillement et à la paix. C'est une opinion autorisée que celle de plusieurs auteurs qui prétendent qu'avant l'institution de la divine eucharistie, Notre-Seigneur Jésus-Christ administra, dans le cénacle, à ses apôtres et à quelques disciples, le sacrement de confirmation, et c'est pareilement une opinion très-admissible de croire que saint Martial fut du nombre de ces heureux privilégiés.

Il assistait, en effet, à la dernière cène et y joua même un rôle plein d'intérêt et important, en préparant l'eau qui devait servir à laver les pieds des apôtres, et en présentant à Notre-Seigneur le linge destiné à les essuyer après la divine ablution.

Ces faits nous étant fournis par les auteurs que nous avons déjà mentionnés au commencement de cette étude, nous nous contenterons de rappeler ici que nous les avons recueillis dans les écrivains les plus sérieux et les plus autorisés, entre autres le concile de Limoges et le pape Jean XIX.

Quant à l'institution du sacrement de confirmation avant la sainte cène, ce n'est là qu'une opinion respectable, mais qui nous semble renfermer des caractères de probabilité sérieuse, à cause de la grandeur qui devait être conférée aux apôtres en cette même circonstance, lorsque le Sauveur leur donna le sacrement de l'ordre, et les investit du pouvoir ineffable de consacrer son corps et son sang au sacrifice de la messe, ce qu'il fit par les paroles qu'il leur adressa au moment de la première consécration eucharistique. Mais que, par ces mots : « Faites ceci en mémoire de moi », ils aient reçu la dignité sacerdotale et la puissance incomparable de convertir le pain et le vin au corps et au sang du Sauveur, ceci n'est plus une opinion théologique, mais c'est la doctrine même de l'Église, le concile de Trente en ayant fait un dogme de notre foi.

Ce qui n'est pas aussi certain, mais ce qui est encore possible, et une tradition très-respectable nous autorise à le penser, c'est que les apôtres ne furent pas les seuls à recevoir, en cette circonstance, le titre, la dignité et les fonctions du sacerdoce, et bien que, à cause de l'âge de Martial, Notre-Seigneur et les apôtres aient cru devoir lui réserver pour plus tard l'exercice du sacré ministère, cependant le divin Maître jugea expédient de donner le sacerdoce même à notre glorieux saint, qui servait à table le collége apostolique, et qui, en ce jour, — mais avec quelle âme embrasée d'amour et de foi, — fut appelé à l'inestimable grâce de s'asseoir au céleste banquet pour la première fois.

Dieu veuille donner aux chers enfants qui se préparent à ce grand acte de la première communion, des dispositions semblables à celles qui embrasaient l'âme de notre jeune saint! Et pourquoi n'y apporteraient-ils pas le même cœur, puisqu'ils y reçoivent le même Dieu ?

Fidèle à l'impulsion qu'il avait reçue de sa foi et de son cœur, Martial, pendant la vie évangélique du Sauveur des hommes, le suivait en tous lieux, écoutant sa doctrine et se nourrissant de son amour. Après avoir assisté à la dernière cène, après y avoir exercé le plus humble et le plus touchant ministère, après y avoir reçu la divine hostie des mains du divin sacrificateur, il demeura sous l'impression profonde des paroles prophétiques de Jésus-Christ, annonçant sa fin prochaine, et désignant celui qui devait le trahir.

Quand on se reporte par la pensée à ces moments solennels et terribles, l'âme demeure comme interdite et muette, en face de leur grandeur. La grandeur dans la petitesse, l'infiniment grand dans l'infiniment petit, tout dans le rien. Cachet incontestable des œuvres de Dieu. L'avenir du monde entier, la vie de toute la société humaine, la transfiguration de l'humanité dans quelques mots échangés, à table, entre le fils d'un charpentier et douze pauvres pêcheurs.

Il y avait eu, dans le monde, bien des convives illustres participant à de célèbres banquets, on avait vu des festins où assistaient des rois, et les princes de la pensée, et les créateurs des sciences et de la philosophie; on en verra encore où banqueteront des sommités humainement plus hautes, et où seront prononcés de doctes et retentissants discours. Aux yeux de la raison humaine, le dernier des soupers diplomatiques est un fait plus considérable que celui qui fut donné à ses disciples par un modeste artisan; et qu'est-il resté de ceux-là dans la mémoire des hommes, qui vaille les trois mots prononcés à celui-ci par Jésus, le Fils de l'homme : Je suis la vigne et vous êtes les rameaux !

Toute la société nouvelle était contenue et définie dans cette brève prophétie, que ne comprenaient, alors, pas même ceux qui devaient l'accomplir. Cette formule d'une incommensurable profondeur a, cependant, changé la face de la terre, et créé un ordre de choses tout nouveau, ordre de choses où les hommes retournent à leur point de départ, c'est-à-dire à l'unité; mais à l'unité parfaite, qui n'est pas l'unité humaine dans la personne individuelle d'Adam; mais l'unité divine de toutes les personnalités humaines consommée dans l'amour.

Jusque-là, c'était le règne de Babel, désormais ce sera l'empire de l'entente universelle. Cet homme, ignoré du monde, qui discourt dans un appartement de modeste apparence, avec une douzaine de personnages au vulgaire maintien, cet homme-là va changer les bases fondamentales de la vie sociale, et les changer d'un seul mot : Je suis la vigne et vous êtes les branches. Cette formule est brève et contient une révolution immense dans son sein.

Et ceux-là mêmes qui devaient être les instruments de ce coup d'état social et politique énorme n'y comprenaient rien encore. Ils ne comprenaient ni le prodige, ni l'auteur du prodige, ni les moyens surtout de le réaliser. Tandis que le Maître leur déroulait ce plan, et leur annonçait cette future transformation de l'homme, greffé désormais sur le Dieu, et buvant à longs traits, dans le cep adorable du Christ, la séve de l'Esprit créateur, ses auditeurs distraits pensaient à toute autre chose : l'un rêvait de le défendre, et l'autre songeait à le trahir. Sur chacun d'eux, pourtant, planait le sentiment d'une vague tristesse et d'une indéfinissable terreur. Le Fils de l'homme allait mourir. Il avait voulu recevoir le sacrement de l'onction suprême des mains d'une pécheresse convertie : l'huile sainte et parfumée avait ruisselé sur sa tête divine et baigné ce front lumineux qui bientôt allait être si étrangement couronné. Les suaves senteurs du nard de Magdeleine avaient pénétré dans le logis de la sainte veuve Marie, et dans le cœur de l'avare Judas, lequel trouvait que le contenu de ce vase d'albâtre avait coûté plus cher que le sang de son Dieu. Le soleil était des-

cendu sous l'horizon, les princes des prêtres s'achemi-
naient silencieusement, le long des rues désertes, vers
la demeure du pontife, pour y comploter la mort du
séducteur des peuples, l'agneau pascal avait été mangé
par toutes les familles, selon le rite accoutumé, dans
cette ville immense sur laquelle planaient je ne sais
quels présages sinistres. Le charpentier officiel de la
synagogue veillait tard, ce soir-là, et fabriquait trois gi-
bets pour des malfaiteurs notoires, dont deux seulement
étaient désignés et connus : le nom du troisième demeu-
rant un mystère, les soldats s'enivraient dans le corps
de garde du prétoire, et une sorte de crêpe funèbre semblait étendre son voile sur la grande cité. Et pourquoi
ces préparatifs de mort, pourquoi ces pressentiments et
ces craintes? Nul ne le comprenait encore : nul que celui
dont la parole puissante et douce en révélait la cause, en
disant à ses apôtres : Je suis la vigne et vous êtes les
rameaux.

Et quand l'hymne d'actions de grâces eut été dite en
commun, quand Judas eut quitté la salle témoin de son
sacrilége, quand Jésus, s'acheminant vers le jardin des
Oliviers, eut traversé le torrent de Cédron, et congédié
ses apôtres, ne gardant avec lui que Pierre, Jacques
et Jean, pour témoins de son agonie, Martial, lui aussi,

suivit les autres disciples, conférant avec eux des paroles du Maître, et, comme eux, agité des plus douloureux pressentiments.

Ces jours de sang et cette nuit de crimes durent être remplis, pour l'âme de ce pieux enfant, d'une inexprimable amertume. Au milieu de son sommeil, réveillé en sursaut par l'affreuse nouvelle de la capture de son Maître, il se lève, il se précipite, il veut le voir encore : il ne peut accepter la pensée de se trouver séparé pour jamais de celui qu'il aime et qu'il adore. Nous le trouvons, suivant le lugubre cortége des bourreaux insulteurs du Christ, reconnu lui-même comme étant de ses disciples, outragé par cette horde impie et sacrilége, et s'échappant à grand'peine, laissant entre leurs mains le linceul dont à la hâte il s'était revêtu. Mais l'hiver de la douleur allait passer sur le cep de la vigne, et il allait être dépouillé, pour un temps, de toute sa verdure et de tout son éclat. Ses feuilles tombent, l'une après l'autre, sous le souffle glacé de la persécution. Qui saurait le reconnaître, maintenant qu'il n'a plus ni forme ni beauté !

Nous retrouvons encore notre jeune saint au pied de la croix du Sauveur, sur la colline décharnée du Calvaire, et, plus tard, prêtant son aide à la triste cérémonie de l'ensevelissement de Jésus; puis encore, parmi les apôtres, après la résurrection de Jésus-Christ; puis enfin, sur la montagne où devait s'accomplir le mystère glorieux de l'Ascension. Fut-il un de ceux qui crurent, en le voyant s'élever dans les cieux, ou de ceux qui, même en face de ce prodige, trouvèrent moyen de douter encore? C'est là ce que ne nous apprennent ni la tradition ni l'Évangile. Ce que nous savons, c'est qu'il demeura toujours au nombre des disciples fidèles, et ne compta jamais parmi les apostats.

La vigne, désormais, était plantée, mais les rameaux n'avaient encore porté ni feuilles, ni fleurs, ni fruits. L'Église naissante se tenait cachée, et attendait la vie et la fécondité qui lui avaient été promises, dans la prière et dans le recueillement. Où, maintenant, se réuniront-elles, ces brebis sans pasteur? Le Calvaire est désert et le sépulcre est vide. La société de la vie ne peut se donner son premier rendez-vous dans un tombeau.

Qui va guider le troupeau dont les méchants ont tué le berger? Ce ne sera pas Marie, la Vierge mère, forte, mais désolée; elle sait qu'elle est l'âme de l'Église naissante, mais elle sait aussi qu'elle n'en a pas été constituée le chef, et que cette prérogative est réservée à Pierre; et, quant à celui-ci, le souffle brûlant de l'Esprit-Saint n'a pas encore sanctifié ni même séché ses larmes. Il ne sait encore parler que la langue du remords et l'idiome de la douleur. Il est chef, il est voix, il est guide ; mais sur le chef découronné n'a pas reposé la céleste flamme, la voix est muette, et le guide lui-même n'a pas encore aperçu pleinement le sentier.

L'Église naissante se réunira désormais sous la présidence de Marie, et dans le lieu sacré où, pour la première fois, elle fut nourrie du sacrement de l'amour. Oh ! il convenait que le cénacle abritât ses premières journées. Le Jésus de l'Évangile n'était plus là ; mais il restait encore celui de l'eucharistie. Les saintes parois du cénacle avaient conservé l'écho des paroles du Sauveur : « Faites ceci en mémoire de moi. » C'était sur cette table sainte, le premier des autels, que s'était accompli le premier des sacrifices, le mystère du corps et du sang du Dieu fait chair. Là, dans cette salle sacrée s'était donc réuni le petit troupeau du Seigneur. Là, ils demeuraient tous, apôtres et disciples, dans la prière et dans l'attente ; là, ils célébraient la messe ; là, ils se nourrissaient de la divine communion ; là ils écoutaient la douce voix de leur Mère, et pleuraient d'amour au récit qu'elle leur faisait de l'enfance de Jésus, et pleuraient de reconnaissance, quand elle leur parlait de sa propre douleur et de son propre amour.

Martial était là, avec eux, écoutant en silence et méditant toutes ces choses dans son cœur. Mais quelle que fût la beauté de cette vie d'union fraternelle, dans le sein de la Mère commune, il manquait encore à la vigne mystérieuse la plénitude de la séve et la plénitude de la beauté. Elle germait dans la nuit : ses bourgeons apparaissaient fécondés par la rosée du Calvaire; mais elle n'avait point encore donné ses fleurs, n'ayant point encore été caressée par les rayons du soleil. Le Consolateur, le Paraclet n'était pas venu.

Enfin, le jour se leva sur l'Église dans toute sa glorieuse plénitude. C'était la dixième journée depuis que Jésus-Christ avait quitté la terre. Pendant qu'ils étaient tous réunis dans la même prière et dans la même dilection, le souffle de Dieu s'abattit sur la sainte demeure, et les flammes du ciel descendirent et se posèrent sur leurs têtes, sous la forme de langues de feu. L'Église, trois fois baptisée, était fondée désormais. Après le baptême d'eau aux rives du Jourdain, elle avait reçu le baptême de sang au Calvaire, et elle recevait maintenant, au cénacle, le baptême de feu. La vigne était complète et ses grappes en fleurs commençaient à donner leurs suaves parfums. La parole du Maître était maintenant réalisée, et les apôtres et les disciples comprenaient ce que, jusque-là, ils n'avaient su comprendre, le mot profond du divin Maître : Je suis la vigne et vous êtes les rameaux.

Il y a dix-huit siècles que l'unité, qui est le signe et la condition de la vie, est ainsi rentrée dans le monde avec l'Esprit de Jésus-Christ. Il y a dix-huit siècles que cette vie de Jésus-Christ dans son Église déborde sur les peuples et alimente les âmes. Il y a dix-huit siècles que la liberté a été donnée à la terre, par l'Esprit-Saint lui-même, avec la fraternité parfaite dans l'égalité de l'amour ; et cela n'empêche pas des hommes, en face de ce prodige, d'affirmer, du haut de leur sagesse, que la vie du Christ est de trop dans les sociétés humaines, et que la cause de toute cette transformation, opérée par l'Esprit de Dieu sur la terre, la cause de la fraternité des peuples chrétiens et du règne indestructible de la croix, la cause enfin des convulsions formidables qui ont bouleversé le monde entier jusque dans ses entrailles, il se trouve, dis-je, des hommes de ce siècle qui prétendent que cela n'est que l'effet d'un coup de vent.

Ce devait être, en tous cas, un coup de vent bien réussi.

VII

L'AMOUR CHRÉTIEN.

Aimer, c'est trouver son bonheur en rendant heureux ce que l'on aime. Et voilà pourquoi, hors de l'Église de Jésus-Christ, il n'y a et il ne peut y avoir de véritable amour, parce que, réduite à sa propre faiblesse, — qu'elle décore du nom prétentieux de force, — l'humaine nature est impuissante à posséder comme à donner le bonheur.

Telle est, encore, la raison pour laquelle l'âme païenne, quelque forme qu'elle revête, finit toujours par tomber dans l'abjection de l'égoïsme complet. Saint Paul jette à la face de ces gens un mot dur, mais vrai : « Ils sont, dit-il, sans affection », et cette parole qui, depuis des siècles, roule comme un tonnerre dans les nuées qui dérobent à ce monde déchu la face du soleil, cette parole sera vraie toujours.

Sans affection! oui, sans affection, ces âmes qui disent : J'aime, et déplacent, en la laissant tomber dans le domaine des plus abjectes jouissances, l'idée trois fois sainte de l'amour ; sans affection, ces âmes qui ne cherchent dans la dilection autre chose que le plaisir; sans affection, ces âmes qui, pour assouvir je ne sais quels abjects instincts, n'hésitent pas à sacrifier, avec la paix de leur propre conscience, même le plus pur bonheur de l'objet aimé ; sans affection, ces hommes qui brisent le vase de nard sur leur propre tête, et arrachent la fleur à sa tige, pour en posséder et en respirer seuls les parfums.

Et ces âmes sont non-seulement basses, mais malheureuses, et malheureuses parce qu'elles sont basses, et basses parce qu'elles ignorent un mot de la langue divine, le mot qui a su révéler aux hommes le secret du bonheur d'un Dieu, le mot de sacrifice, ce mot si profond et si simple, si lumineux et si obscur, si amer et si doux.

Ce mot, les chrétiens, et les chrétiens seuls, le connaissent, ils le connaissent et le pratiquent, parce qu'ils savent que dans le sacrifice seul se donne et se reçoit l'amour. Comme il n'est que les chrétiens, aussi, qui sachent qu'au fond du vase où l'on boit cette âpre liqueur, la main de Dieu a caché le nectar de voluptés infinies. Souffrir pour ce qu'on aime est si bon et si doux, et celui qui s'en plaint n'est pas digne de la souffrance, ni capable encore de l'amour.

Or, cette grande loi du sacrifice dans la charité, loi oubliée, de nos jours, dans le monde païen qui nous entoure, n'avait jamais été connue ni même soupçonnée dans le monde païen d'autrefois. Le premier qui l'ait apportée sur la terre, ce fut celui qui enseigna que le bonheur est dans les larmes, et que donner sa vie pour ce qu'on aime est l'acte le plus grand de charité. Mais le principe chrétien qui contribua, le plus puissamment peut-être, à transfigurer les âmes dans la dilection divine, fut sans doute celui que nous rappelions dans notre précédent chapitre, le principe lumineux qu'on trouve dans la parole du Maître : Je suis la vigne et vous êtes les rameaux.

Là, en effet, se trouvaient et l'accomplissement de toute la loi et la réalisation de toutes les prophéties ; là se trouvaient, à la fois, le principe, la fin et le mode selon lequel devait désormais fonctionner l'amour; là se trouvait la solution de cette difficulté, jusqu'alors insoluble, la difficulté d'aimer le tout avec un même cœur, et d'aimer cependant, et légitimement, quelques-uns davantage ; ce qui, sous un double aspect, n'est, en réalité, que l'accomplissement d'un seul et même devoir.

Si l'humanité régénérée est devenue une seule et même vigne dont Jésus-Christ est le cep, la conséquence inévitable de cette doctrine est que la charité doit être universelle, c'est-à-dire s'étendre à tous, sans exception. En aimant n'importe lequel des membres de ce corps dont je fais moi-même partie, je sais que c'est toujours le même Jésus-Christ que j'aime ; comme en accomplissant n'importe quel acte de charité envers le plus petit de mes frères, je sais que c'est à Jésus-Christ que va ce que je fais. Je dois l'aimer seul, celui qui est tout en tous, et l'aimer dans toutes ses branches, celui qui m'a constitué dans son principe et consommé dans la participation de sa mystérieuse et divine unité.

Mais, tout en l'aimant ainsi, comme on aime Dieu et comme Dieu aime, tout en le contemplant du même regard dans ceux de ses rameaux qui s'étendent aux pôles, comme en ceux qui verdissent sous l'équateur, tout en l'aimant et l'aimant seul du couchant à l'aurore, je ne puis pas oublier que je lui dois, dans ce qui m'est plus proche, une plus grande dilection. Tout ce qui vient de Dieu doit fonctionner dans l'ordre, et rien n'a plus besoin, sur terre, d'être mieux ordonné que la charité de Dieu.

Quand, sur la tige sainte de l'Église, s'épanouit une grappe de la vigne en fleurs, et que chaque fleur sent qu'elle porte un fruit en germe dans son sein, un fruit dont la vie et la pleine maturité dépendent de sa propre maturité et de sa propre vie, oh! combien elle craint de le voir s'étioler et périr! Et quand le vent glacé du nord souffle sur elle, au sein de la nuit noire, et qu'elle se sent défaillir dans la lutte et prête à succomber, elle appelle au secours la petite feuille, sa voisine : Chère feuille, ah! je t'en conjure, prête-moi ton abri! — Et sur la grappe fleurie l'humble feuille se penche, et protége la fleur en détresse contre la rage du vent. Et quand la fleur s'est endormie à l'abri de la feuille hospitalière, rassurée désormais, réchauffée et reposant ainsi dans la confiance et dans la paix, voici que le soleil se lève et qu'avec le jour se multiplient les dangers: les ardeurs de l'astre brûlant la menacent et la troublent. Bientôt la goutte de rosée qui se cache dans son sein va être consumée par des rayons qui dévorent et dessèchent, dans une atmosphère embrasée ; bientôt elle va se trouver visitée par je ne sais quel insecte impur, au contact duquel sa vie peut lui être enlevée ; ou bien encore c'est la poussière que soulèvent les pieds des passants et qui tombe sur elle, menaçant de lui faire perdre et sa goutte de rosée, et sa soyeuse parure, et ses parfums.

Alors, et derechef, elle se tourne vers son amie : Ma sœur, dit-elle, abrite-moi ! et la feuille étendant, de nouveau, sur elle la fraîcheur de son ombre, la dérobe aux regards de l'insecte, la protége contre la poussière, et lui sert d'abri contre les ardeurs du jour.

Il est vrai qu'en aimant la feuille protectrice, c'est toujours la vigne que la fleur aime, comme c'est pour la vigne que la feuille travaille en protégeant la fleur. C'est pour la vigne, sans aucun doute ; mais, oh ! combien elles s'aiment ces deux inséparables amies ! et quelle langue humaine pourrait dire le trésor de tendresse de la fleur pour sa feuille chérie, et de la feuille pour sa bien-aimée fleur !

Il est rare de rencontrer une vie de saint où ne se trouve pas semblable affection chrétienne ; saint Basile et saint Grégoire, saint Bernard et sainte Ermengarde, saint Denis et saint Eugène, saint François de Sales et sainte Jeanne de Chantal, saint Paul et saint Timothée, sainte Claire et saint François, ces grandes âmes, sans doute, aimaient — et avec quelle ardeur! — la vigne tout entière; mais quelle suavité charmante dans ce chaste mariage de leurs cœurs! Oh! comme alors se vérifie la parole que nous disions tout à l'heure : aimer c'est trouver le bonheur à rendre heureux ce que l'on aime! Et c'est là ce qui se réalise dans la plupart des amis de Dieu, comme c'est là ce dont nous retrouvons la source et le modèle dans la vie du Maître lui-même, répandant avec une effusion plus grande son ineffable sollicitude sur Jean, l'apôtre de la chasteté parfaite, et sur Magdeleine, l'apôtre du parfait repentir.

Il est probable que saint Martial fut, lui aussi, l'objet spécial des tendresses divines du Verbe fait chair, pendant le terrestre pèlerinage de Jésus, à cause de sa foi et de sa grande humilité ; mais ce que nous ne pouvons que conjecturer, au sujet des dispositions du Fils de l'homme pour notre jeune saint, nous l'apprenons d'une tradition respectable, au sujet des rapports de saint Pierre, le prince des Apôtres, avec son jeune cousin, notre glorieux saint Martial. Il était son parent, il était son fils spirituel, il était son disciple et son compagnon fidèle, et, dans l'Église naissante, où Martial était la petite fleur nouvelle, dans le collége apostolique Pierre était la feuille bienfaisante et protectrice, qui le garantissait contre les rigueurs de la saison, et ne permettait pas encore à la persécution d'arriver jusqu'à lui.

Compagnons inséparables, d'ailleurs, dans toutes les œuvres et les fonctions du sacré ministère, l'histoire de notre saint, pendant les douze premières années de l'Église, n'est autre que l'histoire de saint Pierre, qu'il suivait en tous lieux, parcourant avec lui la Judée, pendant les cinq années qui suivirent la mort du Sauveur des hommes, et partant avec lui pour Antioche, où les disciples du Seigneur Jésus devaient, pour la première fois, avoir l'honneur de s'entendre nommer chrétiens.

Outre cet instinct, si éminemment catholique, de s'associer quelqu'un dans les œuvres de charité et de zèle, instinct recommandé par le Maître lui-même et pratiqué, à son exemple, par les apôtres, il y a quelque chose de particulièrement touchant dans cette union spirituelle qui régnait entre le prince des Apôtres et son jeune parent. L'un était principalement, comme l'apôtre de la parole, et l'autre comme celui de l'exemple : non, à coup sûr, que saint Pierre, après sa conversion, ne fût un modèle de toutes les vertus ; mais il y avait dans cette disposition de la divine Providence quelque chose de délicieusement instructif, de laisser ainsi auprès du Pasteur suprême et du Docteur infaillible de son Église, celui qui devait le plus rappeler au premier des apôtres le besoin de l'humilité et de la pureté de cœur.

Car le privilége de ne pouvoir errer en enseignant les autres n'est nullement le privilége de ne pouvoir faillir pour son propre compte, ou tomber dans son propre chemin. La confession éclatante qu'il avait faite de la divinité de Jésus-Christ n'avait empêché saint Pierre ni de se disputer avec ses frères, au sujet du degré de leur dignité et de leur grandeur, ni même de tomber dans le crime de l'apostasie, en reniant, trois fois, celui qu'il reconnaissait pour un Dieu. C'était pour ce motif, peut-être, que, connaissant sa faiblesse, il avait voulu garder près de lui Martial, son fils d'adoption, afin de n'oublier jamais les leçons divines que lui rappelait incessamment la présence de ce même enfant béni, si cher à son cœur.

Et, de son côté, il semble que ce soit pour cela que Martial, qui paraît personnifier l'humilité dans l'Église naissante, se tient sans cesse auprès du maître de l'enseignement catholique, comme si Dieu voulait nous apprendre ainsi que ce qui nous rapproche le plus de la lumière divine, ce sont toujours l'humilité et la pureté du cœur.

S'il nous est permis d'exprimer ici une pensée qui ne nous semble pas inutile, ni hors de propos, nous dirons que saint Martial devrait avoir un titre particulier à être pris pour modèle et pour guide par les chrétiens de notre temps, car jamais le besoin de se tenir inséparablement unis à Pierre ne se fit plus impérieusement sentir.

Chose étrange! selon les indications les plus vulgaires que fournit la raison créée, il n'entre dans l'esprit de personne de s'appuyer de préférence sur plus faible que soi, et surtout de mettre sa confiance en cet appui fragile. Mais il est au fond de l'âme humaine un sens intime, bien supérieur à ce qu'on est convenu d'appeler le sens commun — lequel nous trompe quelquefois — qui vit dans je ne sais quel mystérieux compartiment de la conscience, ne nous trompe jamais, et nous révèle que la vérité des principes qui sont supérieurs à la raison est encore plus certaine que celle des principes naturels sur lesquels cette même raison s'appuie.

Or, aujourd'hui, qu'y a-t-il qui soit de plus faible apparence que l'Église, surtout si on la contemple dans la personne et dans la situation de son chef? Une chose après l'autre, la bête révolutionnaire a tout mangé dans ce bas monde moderne, et entouré de ses formidables anneaux jusqu'au dernier asile où la papauté est réfugiée. Peuples et rois, provinces et empires, constitutions et principes, tout a été broyé par les dents du monstre, qui digère aujourd'hui péniblement son dernier souper, le petit État pontifical et la Ville sainte, dont les murs sont tombés au bruit des sifflets de l'Europe coalisée... Oui, coalisée pour regarder la papauté périr.

Et pourtant, même dans l'âme des vainqueurs, il y a quelque chose qui dit que leur triomphe est éphémère. La bête a la gueule béante devant le Vatican sans défense et sans défenseurs. Elle n'a pas grand effort à faire, ni grand danger à courir, en dévorant le vieillard aux blancs cheveux, qui seul au monde, aujourd'hui, ose lui résister encore. Pourquoi donc hésite-t-elle à commettre ce dernier et facile forfait? On dirait qu'elle a conscience qu'on ne peut toucher à l'oint de Dieu sans périr; et on dirait aussi que Pie IX, cette suprême faiblesse couronnée, est encore, à lui tout seul, plus fort que tous les autres monarques réunis. Et, s'ils le pensent, ils ont raison de le penser ainsi, parce que cette faiblesse est celle dont la main de Dieu peut et doit se servir, parce qu'elle est immaculée, tandis que tous les autres, avec les apparences et les allures de la vie, ne sont même plus des faiblesses, mais ne sont que la corruption dans la mort.

Qu'il arrive donc ce qui doit arriver et à l'heure que Dieu a marquée sur l'horloge des siècles! Malheur à ceux qui, à l'heure de l'orage, seront trouvés, par la tempête, sur une barque que le suprême pilote ne guide pas! Malheur à ceux qui dans le combat porteront les armes dans des rangs que le Dieu des armées ne connaît pas! Un jour viendra, qui n'est pas loin peut-être, où les sociétés décrépites, expirantes, traînant sur leurs béquilles leurs jambes paralysées, mourant de leurs propres médecines, après avoir jeté de colère, par la fenêtre, les médecins imbéciles qui les leur avaient données : les sociétés viendront, à genoux, sous le sac et la cendre, frapper, une autre fois, aux portes du Vatican profané, et implorer d'un successeur quelconque de Pierre, qu'il daigne panser leurs blessures, et les guérir enfin de leurs maux.

Et Pierre, prenant pitié de l'infirme, lui dira : Au nom de Jésus-Christ, lève-toi et marche; et l'infirme marchera droit, et accrochera ses béquilles, en manière d'*ex-voto*, aux murs du Vatican.

Ce n'est peut-être là qu'un rêve; mais ce qui n'en est pas un, c'est que si les sociétés humaines ne reviennent pas à la demeure paternelle par le chemin du repentir, et du repentir le plus humble, elles arriveront à un gouffre où elles s'engloutiront les unes après les autres, sans qu'aucune main ait la force ou la volonté de les en retirer jamais.

Telle est la petite digression que je me suis permise en pensant à la douce intimité qui régnait entre saint Pierre et saint Martial. Que le lecteur me pardonne cette parenthèse un peu longue, mais qui n'ennuiera personne, à coup sûr, parce que jamais enfant bien né ne s'est plaint qu'on lui parlât trop longtemps des gloires de sa mère... de ses gloires et même de ses douleurs.

VIII

ROME.

Quand on remonte par la pensée le cours des âges, et
que, fermant les yeux et les oreilles, on parvient à échapper un instant aux petites choses et aux petits hommes
d'aujourd'hui, pour vivre, par le regard de l'intelligence,
dans le monde social tel qu'il était autrefois, on est bien
obligé d'en rabattre beaucoup de sa fierté prétendue, au
sujet des merveilles de la moderne civilisation.

Excepté l'Église, qui marche sans cesse et qui monte,
et qui seule progresse en ce monde, parce que seule
elle a conservé intact son patrimoine d'origine, et que
seule elle l'a fait valoir, sans en avoir jamais rien perdu;
excepté, disons-nous, l'Église catholique, et ce qui nous

reste de ses dons, je cherche en vain autour de moi, de quoi le siècle qui passe oserait bien tirer gloire.

Il y a dix-huit siècles et plus, Rome était dans l'éclat de sa force et de son humaine beauté. Deux millions d'hommes vivaient dans sa vaste enceinte, à l'ombre de temples de marbre et de splendides palais. Du haut du Capitole, sur le pinacle doré du temple de Jupiter, l'empereur, qui régnait alors sur la ville et sur le monde, pouvait laisser errer avec orgueil ses regards sur cet océan de richesses amoncelées, qui augmentaient chaque jour, affluaient de tous les coins du monde et s'entassaient dans ses murs.

Le palais des Césars, construction gigantesque, enlaçait dans ses bras la vaste cité presque entière. Solide comme un rocher, il couvrait tout le mont Palatin, sur lequel il était bâti, et rayonnait de là sur le Cœlius, l'Aventin, le Janicule, et jusqu'au Vatican, où il se repliait sur le Tibre. Il passait le fleuve sur des ponts d'une noble architecture; il était constellé de temples, de théâtres, de cirques immenses, d'obélisques en granit rouge apportés d'Égypte à grands frais, de thermes pavés en mosaïques de porphyre et de serpentin, de bois sacrés de lauriers toujours verts, et d'allées majestueuses ombragées par des palmiers superbes et des pins parasols.

Le reste de la ville était partagé entre les grands et les puissants du jour. En face des fenêtres du prince, de l'autre côté du grand cirque, était le palais grandiose d'une jeune patricienne nommée Prisca, âgée de quinze ans, maîtresse de sa fortune, et plus riche encore de grâces et de beauté. De l'autre côté du palais, derrière le forum, était l'habitation d'une autre noble famille, où devait s'épanouir plus tard Martine, fille d'un sénateur. Ici, était le domaine magnifique de la grande famille des Pudens; un peu plus loin, les Marcellus; là, près du champ de Mars, la demeure des Cécilius, où fleurissait la chaste fleur nommée Cécile, la douce patronne de l'harmonie; chacun de ces grands seigneurs était riche et puissant, possédait des milliers d'esclaves, occupait les charges publiques, et soutenait noblement le poids des plus grands noms.

Et l'on se ferait une idée parfaitement fausse, si on se figurait que le monde d'alors ne fut pas merveilleusement policé et solidement construit. Les hommes qui vivaient dans ces temps antiques valaient bien ceux du nôtre. Les esclaves eux-mêmes étaient, généralement, moins maltraités que les artisans de nos usines, et mieux portants. Tout le monde ne portait pas les armes; mais les soldats étaient vaillants et robustes, et travaillaient de leurs mains, sans redouter les fatigues du labeur, qui ne dégrade personne, quoi qu'on en veuille faire accroire à ceux de notre temps, volontaires et involontaires, oisifs et éreintés. Le luxe était réel et non factice comme celui de nos jours ; mais il n'était porté que par ceux auxquels il n'était pas trop pesant. Il y avait des robes de soie dans les salons des grandes dames ; il y avait dans leurs toilettes de suaves parfums qui n'étaient point sophistiqués ; il y avait, dans les rues, des véhicules aux roues dorées, traînés par des chevaux caparaçonnés de pourpre et de velours ; il y avait des parures de diamants et de perles au front des princesses ; il y avait des palais aux parois de jaspe, avec un atrium de mosaïque, et des cours plantées de grenadiers et d'orangers en fleurs où jaillissait l'onde de claires fontaines dans des vasques de marbre de Paros, et où des oiseaux sans nombre chantaient, dans un printemps perpétuel.

Et, au milieu de ces richesses, il y avait la vie de l'intelligence, et l'intelligence supérieure à celle du monde païen d'aujourd'hui.

Il y avait, dans la société antique, des artistes à la cheville desquels ne vont pas les artistes de nos jours. Quand on voit les statues antiques des musées, les ruines des vieux monuments, les petites gravures, même, fouillées dans une pierre dure, que nous ont léguées les anciens, on se sent passablement humilié de vivre dans son siècle. Il y a, au Vatican, un vieux bloc de marbre qui fut une statue; il ne lui manque pas grand'chose autre que la tête, les jambes et les bras : on l'appelle le Torse. Michel-Ange venait l'admirer et l'étudier tous les jours, et quand sa vue affaiblie ne permit plus au grand artiste d'en contempler les beautés, il se faisait encore conduire près d'elle, et passait, sur le marbre mutilé, ses mains tremblantes, avec un sentiment d'extase et un frémissement d'admiration.

La seule vue du plan des Thermes de Caracalla ou de Dioclétien transporte un connaisseur et le remplit d'enthousiasme. Se promener dans ces ruines vous écrase. Le génie moderne n'est pas de force à porter même la majesté foudroyée de ces glorieux débris.

Il y avait alors des acteurs capables de jouer des pièces de théâtre sans prononcer une parole, et de transporter d'admiration un public de cent mille hommes, rien qu'en leur jouant, par la seule puissance de la mimique, des tragédies que le spectateur pouvait suivre, avec une intelligence merveilleuse, jusque dans les dernières nuances de leurs plus petits détails.

Il y avait des musiciens qui obtenaient par leur art

des résultats que nous ne savons même plus comprendre, aujourd'hui que la musique ne sait plus rien dire et que les musiciens ne savent plus dire que des riens.

Il y avait des orateurs qui s'appelaient Cicéron et Démosthène, et qui valaient bien MM. Favre et Gambetta. Il y avait Térence et Aristophane, qui valaient Sardou et Scribe; Homère et Virgile, qui savaient faire des vers; Tacite, qui écrivait l'histoire, et Horace, qui composait des chansons.

Et, dans le monde plus élevé encore de la philosophie, on avait des hommes qui ne manquaient pas d'une certaine valeur, et qu'on nommait Socrate, Aristote ou Platon.

Or, il est un fait qu'il ne faut pas perdre de vue, c'est que l'homme qui écrit est l'homme qui laisse, ordinairement, son nom à l'histoire; mais au-dessus de lui il y a l'homme qui pense et qui est toujours plus fort que l'écrivain. Les maîtres écrivent moins que les disciples. Nous autres gens de plumes mettons beaucoup de vanité dans nos œuvres; mais que seraient même les meilleures, sans le secours de ceux qui pensent pour nous et qui n'écrivent pas? Je reconnais, quant à moi, que tout ce que j'ai écrit de moins mauvais, je le dois aux communications de gens qui ne savaient pas tenir une plume.

C'est ainsi que Dieu distribue les dons.

Dans le vieux monde, comme dans le monde moderne, il en était ainsi. Et Aristote et Platon eux-mêmes ne font pas difficulté d'avouer qu'ils étaient bien inférieurs à leurs maîtres.

Il y avait, à Rome, des lieux où l'on enseignait toutes ces choses : l'éloquence, la philosophie, les arts, et on trouvait des hommes capables de les enseigner et des disciples capables de les apprendre : toutes choses qui ont à peu près disparu aujourd'hui, que les élèves en veulent remontrer à leurs maîtres, et que les maîtres ignorent les principes les plus élémentaires des sciences et des choses qu'ils se sont donné mission d'enseigner.

Dans le patois moderne, on appelle cela suivre la grande loi du progrès.

Mais, malgré ce progrès et sa loi, nous allons en pleine et universelle décadence. Si un sage des anciens jours, revenu au monde, se trouvait transporté dans quelque assemblée délibérante que ce soit, du dix-neuvième siècle, fonctionnant à l'heure qu'il est, ou il mourrait sur place, foudroyé d'une attaque d'étonnement ou de fou rire, ou bien il s'en irait furieux, et persuadé que, pour se moquer de lui, on a fait jouer une pièce par des hôtes de Charenton.

Justinien ne voudrait pas donner notre Code civil à ses moutards, de peur qu'ils ne se gâtassent l'esprit avec quelques feuillets déchirés du livre en s'en faisant des cocottes.

Notre temps est un temps malheureux et bête. Nous sommes tombés à un niveau très-inférieur à celui auquel vivaient les sociétés antiques, et nous poussons la fatuité et la sottise jusqu'à nous proclamer en progrès. Les païens eux-mêmes avaient encore conservé des traces d'anciennes vérités traditionnelles que nous avons perdues, et de principes que nous avons repoussés avec mépris. Les arts et les sciences avaient des règles et des lois, connues et appliquées, sans la connaissance et l'application desquelles nul n'eût pu être qualifié, alors, d'artiste ni de savant. Maintenant, la mode est à s'affranchir de toute loi, à rejeter toute règle et à briser tout frein. Les principes fondamentaux mêmes, sur lesquels toute société repose, et sans lesquels il lui est à jamais impossible de fonctionner, ces principes ont été mis de côté comme un rebut sans usage, et nous voulons faire de l'ordre social et politique sans l'obéissance des peuples et sans l'autorité des rois. Si les sages de la Grèce et de Rome sortaient de leurs tombeaux et revenaient parmi nous, ils hausseraient les épaules de pitié sur notre jactance, et sur nos misères que cette même jactance enfanta.

Et, ce qu'il y a de plus amer en tout ceci, c'est que les malheureux qui sont la principale cause de cet abaissement universel en rejettent la faute à l'Église, prétendant que, si le monde ne va pas mieux, c'est qu'elle entrave la marche triomphale de leurs progrès. Ils seraient brillants, leurs progrès, sans l'Église !

L'Église n'a point reçu mission directe de Dieu pour ouvrir des écoles d'arts et de sciences humaines ; mais elle a reçu mission de marcher à la tête de l'humanité, dans le domaine de la morale et de la foi. Ses progrès sont sur la voie de la charité et de l'intelligence ; ils consistent à étendre le royaume de la lumière, qui est le royaume de Dieu. Elle conquiert des peuples à l'Évangile, et c'est là un progrès. Elle conquiert des âmes égarées, et c'est là un autre progrès. Elle produit, à chaque instant, de nouvelles clartés dans le monde, par la promulgation de nouveaux dogmes dissipant les erreurs nouvelles, et par une manifestation plus complète des anciennes vérités, et c'est là un progrès encore. Si les erreurs n'embarrassaient pas sa route, elle marcherait assurément plus vite, mais elle marche, et c'est toujours un progrès que d'ôter les obstacles du chemin ;

et, le temps que l'on perd à enlever l'obstacle est la faute de celui qui a mis des pierres sur la voie, mais non la faute du pionnier. Elle progresse en augmentant, chaque jour, le nombre de ses saints, et elle progresse, enfin, en suivant péniblement sous les sifflets des sots, les coups et les crachats du monde, la voie douloureuse de son calvaire.

Quoiqu'elle ne soit pas chargée de réglementer des affaires purement humaines, il n'en est pas moins certain que, dans les sociétés qui l'acceptent et se laissent diriger par elle, les rayons de son soleil se projettent sur tout ce qui constitue l'ensemble des intérêts humains. Toutes les institutions sociales s'épurent à son divin contact. Les sciences s'épanouissent, et les arts eux-mêmes commencent à fleurir ; mais, il faut bien le dire, les sociétés qui la repoussent, et celles, plus encore, qui l'outragent, ne tardent pas à tomber dans des abîmes de dégradation et de honte, que les sociétés antiques elles-mêmes ne connaissaient pas, et qu'elles n'avaient pas autant mérité de connaître, n'ayant pas autant abusé des dons de Dieu.

Ce n'est donc pas par le fait de l'Église que le monde moderne est si tristement déchu. Ce n'est pas elle qui a inventé de substituer aux droits de Dieu les droits de l'homme, et de remplacer le texte de saint Paul, qui veut qu'on soit soumis aux puissances, par l'utopie du suffrage universel. S'il reste encore quelque chose de bon dans le monde moderne, vous pouvez dire, d'avance, que c'est quelques miettes tombées de la table du catholicisme, et que la révolution n'a pas eu le temps de broyer entièrement dans le sang ou la fange, sous ses pieds.

Ceci n'est qu'une parenthèse, et pour en revenir à notre thème, nous rentrons avec notre lecteur dans la ville des Césars ; mais, cette fois, nous n'y rentrerons pas seuls.

Quand les douze apôtres eurent, au jour de la Pentecôte, reçu de l'Esprit-Saint, avec le don de parler toutes les langues, la mission de prêcher l'Évangile à l'univers entier, ils se partagèrent la terre, et le bienheureux apôtre Pierre, le prince de l'ordre apostolique, fut destiné, dès lors, à occuper le siége de la capitale de l'empire romain, afin que la lumière de la vérité, qui avait été révélée pour le salut de tous les peuples, se répandit plus efficacement, de la ville qui était la tête du monde, à tous les membres de ce corps.

Il y avait, en effet, à Rome, des hommes de toutes les nations, et nulle contrée ne pouvait demeurer dans l'ignorance de ce que Rome avait appris.

C'était là que le catholicisme naissant devait fouler sous ses pieds les opinions de la philosophie païenne ; là, que l'Évangile devait dissoudre les vanités de l'humaine sagesse ; là, que le culte des démons devait être confondu ; là, que devait être détruite l'impiété de tous les sacriléges, dans ce centre, où se trouvait réunie, avec un soin particulier, la collection des superstitions universelles, importées avec tout ce que l'esprit de mensonge avait pu inventer d'erreurs vaines.

C'est donc vers cette ville que le saint apôtre Pierre ne craint pas de diriger ses pas ; et c'est dans cette forêt, peuplée de bêtes féroces frémissantes, qu'il ose entrer dans la société de saint Paul, son compagnon de gloire, occupé, lui aussi, de fonder en tous lieux des églises nouvelles. C'est là qu'il entre dans cet océan profond aux ondes agitées, et, en y posant le pied, son cœur est plus ferme qu'il ne l'était naguère, quand il marchait sur les vagues de la mer de Galilée.

Déjà, il avait prêché et instruit les peuples qui appartenaient à la loi de Moïse ; déjà, il avait fondé l'Église d'Antioche, où avait pris naissance la dignité du nom chrétien ; déjà, il avait rempli de la prédication de l'Évangile le Pont, la Galatie, la Cappadoce, l'Asie et jusqu'à la Bithynie, soumise par lui à la loi de Jésus-Christ ;

et maintenant, sans aucun doute sur le succès de son entreprise, et sans incertitude sur l'essai de son pèlerinage, il entra à Rome, tenant à la main le trophée de la croix du Christ. Il entra dans l'enceinte formidable de la ville immense, où, par la presciente volonté de Dieu, l'attendaient l'honneur et la puissance suprême et la gloire du martyre.

C'est en ces termes que saint Léon le Grand raconte l'événement considérable de la première venue de saint Pierre à Rome, quand, accompagné de saint Martial, il y fit son entrée, n'ayant, pour toute richesse, pour toute arme, pour toute habileté, pour toute force, que le bâton de pèlerin et la croix de Jésus-Christ, qu'il tenait à la main.

Une pieuse tradition nous représente l'apôtre saint Paul allant au-devant de saint Pierre, et l'introduisant dans la ville, qui s'était faite, alors, la grande corruptrice des nations. C'était un touchant spectacle. Les deux mêmes apôtres devaient, le jour de leur mort, se retrouver à la même place, pour se donner le baiser d'adieu. Saint Martial, marchant au milieu d'eux, tenait entre ses mains une précieuse relique qu'il serrait contre son cœur. C'était toute sa richesse, et tout ce qu'il avait apporté du patrimoine de ses pères et des trésors de l’Orient : c’était, dans une ampoule de cristal, du sang qu’il avait recueilli le jour de la mort de son cousin Étienne ; et ce sang était le prix payé par le premier des diacres pour la rançon de l’âme de Paul, le premier des persécuteurs.

Le persécuteur se retrouvait là, à cette heure, et, les yeux baignés de pleurs, il pouvait contempler, entre les mains du jeune disciple, et voir ce qu’avait coûté, à l’Église et à Dieu, la transformation du loup en brebis fidèle, le changement du persécuteur en apôtre, et du bourreau en martyr.

Et ils entrèrent tous trois ainsi dans la cité reine, qu’ils allaient conquérir et vaincre, sans que nul, parmi la foule empressée et affairée qui circulait dans les rues, et qui s’agitait au forum, daignât jeter un regard sur ces trois pauvres, qui arrivaient couverts de la poussière du voyage, sans que nul soupçonnât que le plus ignorant de ces trois hommes était désormais le premier pape, le grand ressort de la société humaine ; et, sans que personne daignât les regarder, ils entrèrent, les yeux levés vers le ciel.

A l’époque où saint Pierre et notre jeune saint firent leur entrée dans la ville des Césars, Rome était comme divisée en différents quartiers, à peu près de même qu'elle est aujourd'hui. Il y avait le quartier des Juifs, celui des patriciens, celui des affaires, et même celui des libraires et des hommes de loi. Horace, en parcourant la *voie Sacrée,* jetait un regard complaisant sur les boutiques des marchands qui vendaient les copies de ses œuvres. La race patricienne habitait, en général, non loin du palais de l'empereur, sur les collines qui s'élevaient à l'est de la ville. Les Juifs demeuraient sur les bords du Tibre, dans le quartier qu'ils occupent encore en grande partie aujourd'hui, et qui est connu sous le nom de *Ghetto.* C'était non loin de là que saint Paul, pendant quelque temps, avait eu son domicile, dans une maison que l'on croit avoir été au lieu où se trouvent aujourd'hui l'église et le couvent de *San-Paolino alla Regola,* église desservie par des religieux du tiers ordre de Saint-François.

Saint Pierre ne semble pas avoir eu à Rome de demeure fixe. Seulement, dans les premiers temps de son séjour, la persécution n'ayant pas encore commencé, il vivait, ordinairement, dans la maison d'un riche patricien, nommé Pudens, lequel avait deux filles, du nom de Praxède et Pudentienne. La seconde, après avoir fait baptiser toute sa famille, qui se composait de quatrevingt-seize personnes, se mit, plus tard, au service de l'Église, menacée dans la personne de ses prêtres et de ses pontifes; et la première, Praxède, qui avait survécu à toute sa famille, mourut, pendant la persécution, de son amour pour Dieu et de douleur à la vue des tortures que subissait le corps mystique de Jésus-Christ. L'une et l'autre des deux sœurs consacraient leur fortune et leur vie au soulagement de leurs frères dans la foi, et quand un chrétien avait été moissonné par le martyre, elles recueillaient son sang, et s'emparaient, à prix d'or, de ses restes vénérés, pour les ensevelir dans leur palais.

Pudens demeurait dans les environs de l'Esquilin, son habitation était située au fond de la vallée qui sépare cette colline du Quirinal, et c'était là que saint Pierre, et après lui les autres premiers souverains pontifes, avaient comme une sorte de résidence. Saint Pierre y avait ouvert un oratoire, où il célébrait les saints mystères, et dont sont encore conservés le sol primitif et l'autel (1). C'était la chaise curule du sénateur Pudens qui servait au prince des Apôtres à s'asseoir, et ce que l'on appelle en-

(1) Sous le gradin de cet autel, qu'on dit être celui où saint Pierre célébrait les saints mystères, on vénère encore des éponges remplies de sang desséché. Ce sont celles avec lesquelles Pudentienne et Praxède avaient recueilli le sang précieux des martyrs, avant de leur donner la sépulture.

core aujourd'hui la chaire de saint Pierre, qui se conserve dans le fond de l'abside de la basilique vaticane, n'est autre chose que l'antique fauteuil qui lui fut donné par ce grand chrétien des anciens jours.

L'auteur de la vie de notre saint se trompe en disant que l'oratoire fondé par Martial était dans la demeure de Pudens. Il en est fort distant, au contraire, situé au centre de Rome; et il ne semble pas même que ce soit saint Martial qui l'ait fait bâtir. Cette construction, autour de laquelle le sol s'est exhaussé d'environ trois ou quatre mètres, est de fabrication probablement plus ancienne, voûtée et d'une grande solidité. C'est là que s'était établi notre saint, là qu'il prêchait la doctrine de l'Évangile aux Juifs et aux Gentils, au centre même de Rome, et dans une rue très-fréquentée, qu'on nommait la grande Rue, *via Lata,* où plus tard devaient habiter saint Paul et saint Luc, et où devait s'élever, plus tard encore, une église magnifique en l'honneur de la très-sainte Vierge Marie, *Sancta-Maria in via Lata,* un des plus anciens sanctuaires de Rome et un des plus respectés.

Quoi qu'il en soit, saint Martial travaillait, à Rome, à la propagation de l'Évangile avec un zèle infatigable. Voici comment s'exprime à ce sujet l'évêque Jourdain, dans le concile de Limoges : « Saint Clet, saint Lin, disciples de saint Pierre et de saint Martial, intronisèrent sur son siége le prince des Apôtres : saint Martial, l'aidant de toutes ses forces à étendre partout la lumière de l'Évangile. Pierre plantait, ou, pour mieux dire, jetait la divine semence ; Martial arrosait, et Dieu faisait croître avec tant d'abondance le nombre des fidèles, qu'on ne parlait dans tout le monde que de la foi des Romains. »

Ce fut sans doute, pour récompenser son grand zèle, et par l'inspiration particulière de Dieu, que saint Pierre, après avoir confié à son cher disciple une mission temporaire à Ravenne et en Italie, crut devoir lui conférer la consécration épiscopale, avant de lui imposer un ministère encore plus vaste et plus lourd. Au dire de saint Saturnin, « ce fut dans l'oratoire de la maison de saint Pudens que saint Pierre consacra saint Martial évêque, pour l'envoyer prêcher l'Évangile dans les Gaules, où il est reconnu pour apôtre. »

Il convenait, en effet, qu'avant de remplir une mission si grande, le disciple bien-aimé du chef suprême de l'Église reçût, des mains de son père spirituel, le sacrement qui confère la plénitude du sacerdoce, et constitue celui qui le reçoit dans la sommité de l'ordre sacerdotal.

IX

POURQUOI LE PAPE N'A POINT DE BATON PASTORAL.

Saint Martial, quand il reçut la consécration pastorale, avait environ trente ans. Jusque-là, il avait toujours exercé le saint ministère sous la direction immédiate d'autrui : d'abord comme disciple, dans la compagnie du divin Maître, ensuite comme prêtre, sous la tutelle spéciale de saint Pierre, son parent dans l'ordre de la nature, et son père dans celui de la foi; mais l'heure était venue où il lui fallait devenir père à son tour.

Dans ces premiers temps de l'Église naissante, la sainte Écriture nous montre que ses fondateurs agissaient, plus particulièrement, selon l'inspiration sensible du Saint-Esprit qui semblait s'être réservé la direction, même extérieure, de tous les actes importants de l'épouse de Jésus-Christ. L'esprit de prophétie était commun parmi les premiers chrétiens, sans doute parce qu'ils étaient plus fidèles à l'esprit de prière ; mais aussi parce que l'Église, alors, en avait plus besoin. Dieu arrosait la jeune plante par des miracles, pour constituer le miracle permanent de son inaltérable vie et de sa perpétuelle fécondité : le plus visible, le plus incontestable, et le plus grand des miracles.

Une pieuse tradition nous enseigne que, comme cela avait eu lieu en particulier pour le grand apôtre, la vocation de saint Martial fut de même, prophétiquement, révélée à saint Pierre. Cette tradition n'a donc rien qui doive nous surprendre, dans un temps où presque tous les moyens employés par Dieu même, pour propager son Église, appartenaient à l'ordre surnaturel.

Quoi qu'il en soit, ce dut être un moment bien cruel pour le père et l'enfant, que celui d'une séparation qu'ils prévoyaient devoir être ici-bas sans terme. L'esprit de Dieu ne détruit aucun sentiment naturel honnête ; il les purifie, les agrandit et les surnaturalise ; il les rend obligatoires quelquefois, mais ne les interdit jamais. C'est une vieille sottise du monde que de prétendre le contraire ; sottise ou calomnie, et, peut-être, à la fois, toutes les deux.

Quand le Seigneur vivait dans la période évangélique de son pèlerinage terrestre, il avait au cœur tous les sentiments purs et naturels qui subsistent dans un cœur d'homme, et auxquels un cœur d'homme est obligé : l'amour des parents, la tendresse que l'amitié donne, et, probablement, la peine aussi de quitter ceux qu'il aimait. Notre-Seigneur n'a pas entrepris ni accompli l'œuvre de la réhabilitation de notre nature en effaçant, dans son humanité, ce qui était humain et honnête, mais en s'en revêtant, au contraire, en l'acceptant et en le divinisant. C'est pour cela que les âmes les plus parfaites sont aussi les plus sensibles ; et quand saint Paul, partant de Milet, faisait ses adieux aux prêtres et aux anciens de cette chrétienté naissante, et leur annonçait qu'ils ne le reverraient plus sur cette terre, ce fut une scène de désolation et de sanglots dont saint Luc a retracé l'image. Ils l'accompagnèrent jusqu'au navire qui allait conduire l'apôtre à Éphèse, nous dit l'évangéliste qui fut témoin oculaire du fait, et le suivaient en pleurant, sans pouvoir se rassasier de le serrer dans leurs bras.

Il n'est donc pas douteux que saint Pierre et saint Martial n'aient souffert de leur séparation mutuelle. Celui-là envoyait son enfant comme une brebis parmi les loups, et celui-ci laissait son père et son maître, sachant bien quelle mort l'attendait, et se voyant ravir ainsi la consolation de l'accompagner au martyre. Quand on est chrétien, on se laisse, il est vrai, et on ne se quitte pas; mais, même quand on sait se retrouver dans le sacrifice et dans la prière, se laisser, même pour un temps, est quelquefois un déchirement cruel. Il faut bien que ce soit bon, puisque c'est Dieu qui l'exige; mais ce qui est bon est souvent si amer ! Je ne sais trop pourquoi, dans cette douleur commune, je me sens porté à compatir davantage à celle que ressentit saint Pierre. Dieu, qui lui avait donné son jeune ami pour modèle et pour lumière, semblait l'avoir laissé près de lui afin que sans cesse retentit à son oreille intérieure l'écho de cette parole lointaine : « Si vous ne devenez semblables à cet enfant, vous n'entrerez point dans le royaume des cieux. » Et cet enfant était le sien, et le jeune saint était si transparent et si limpide, et saint Pierre voyait si clairement Jésus vivant au fond du cœur de cet ami si pur, et c'était précisément ce même fils dont il fallait que le prince des Apôtres, nouvel Abraham, fît à Dieu le trèsréel sacrifice !

N'importe, Dieu le demandait, et saint Pierre le donna.

O mes bons amis, vous qui m'aimez et que j'aime, et

qui lisez ces lignes comme je les trace, les yeux humides, dites-moi, n'est-ce pas que vous m'avez compris?

La mission que Martial avait reçue s'adressait principalement à la Gaule appelée Transalpine, et, plus particulièrement, à cette province qui, déjà, portait le nom d'Aquitaine, et s'étend au sud-ouest de la France d'aujourd'hui. La race qui habitait ces contrées était, en partie, celtique, comme le témoignent encore certains monuments primitifs qu'on y rencontre, et c'est la même race qui, maintenant refoulée, et partout opprimée, cherche sans le trouver un refuge paisible dans les landes de la Bretagne, dans les monts arides du pays de Galles, et dans l'île sainte de saint Patrice, la verte Erin.

Mais notre jeune apôtre ne devait pas se rendre directement au lieu, terme de son voyage. Il lui était prescrit d'évangéliser, sur sa route, une partie de l'Italie même. Saint Pierre, en l'envoyant, lui avait donné pour compagnons de zèle, de voyage et de travaux, quelques disciples fidèles, entre autres Alpinien et Austriclinien, probablement prêtres, et que le pontife suprême avait amenés d'Antioche, dont ils étaient, dit-on, originaires tous les deux.

En quittant Rome, la sainte caravane s'achemina donc

vers les Marches, prêchant le Christ et annonçant l'Évangile partout, sur son passage.

Il est remarquable que les actes de saint Martial portent tous comme le cachet d'une activité particulière. Jamais d'hésitation, jamais de temps perdu ; toujours rempli de l'Esprit-Saint, qui le possède et qui l'anime; à peine arrivé, il prêche, sans même avoir pris le souci de secouer la poussière du voyage : il sait le prix du temps, ce don de Dieu, et n'en laisse jamais échapper la plus petite partie. La première place publique qu'il rencontre, sur laquelle se trouvent quelques oisifs rassemblés, devient son temple provisoire. Il jette la semence de la bonne parole dans les intelligences de ses auditeurs surpris, il confirme ses dires par un prodige, il fonde une chrétienté, et passe, pour s'en aller à d'autres conquêtes.

Le fait suivant, que nous copions dans une de ses biographies, nous en donnera une idée.

C'était dans la ville de Sienne.

Saint Martial rencontre un aveugle auquel il dit : « Si tu veux croire en celui que Pierre prêche, et que nous suivons et adorons tous, comme notre Dieu et notre Seigneur, avec la vie de l'âme tu recevras la vue du corps, et tu cesseras de languir dans les ténèbres de ton aveuglement ».

. — De grâce, répondit aussitôt l'aveugle, quel est ce Dieu ? Ah! s'il m'accorde ce que vous me promettez, certainement je croirai en lui; j'aurai pour lui une éternelle reconnaissance, et je vous suivrai partout, comme le plus zélé et le plus dévoué de vos disciples.

— Celui que je te propose comme digne du respect et de l'adoration de tout le monde se nomme Jésus de Nazareth; il est venu sur la terre pour le salut des hommes; il a souffert une mort cruellement ignominieuse; après trois jours, triomphant de la mort et de l'enfer, il est ressuscité; il est monté aux cieux, d'où il a envoyé son Saint-Esprit à ses disciples; et il est assis à la droite de Dieu, son Père. Il veut sauver tous ceux qui, croyant en lui, seront baptisés et obéiront à ses commandements. Il est le juste juge des vivants et des morts. Il réserve, dans le ciel, des récompenses éternelles pour les bons; et, dans les enfers, des châtiments sans fin pour les méchants. »

L'aveugle, plein de joie, s'écrie : « Je crois en celui que vous m'annoncez, je veux être baptisé pour participer à sa gloire; je lui demande avec humilité ses grâces et ses bénédictions. »

A peine eut-il prononcé ces paroles que les ténèbres

de ses yeux se dissipèrent, et il fut régénéré par les eaux salutaires du baptême.

Ce miracle fut aussitôt annoncé par toute la ville, dont les habitants accoururent pour voir les hommes envoyés du ciel qui l'avaient accompli. Pleins d'admiration pour la vertu surnaturelle de saint Martial, ils le supplièrent très-instamment de rester parmi eux. Mais il s'excusa de ne pouvoir accéder à leurs désirs. « Je ne puis m'arrêter ici longtemps, leur dit-il ; mais bientôt des saints personnages, prédicateurs comme moi de l'Évangile, viendront et vous instruiront pleinement de nos mystères. »

De Sienne, Martial continua sa route, s'acheminant vers Venise, la ville des lagunes, qui, d'après certains auteurs, serait une colonie armoricaine, fondée par les Bretons de Vannes, qui lui auraient donné leur nom. Notre apôtre devait y former une chrétienté importante, dans laquelle, plus tard, une église fut érigée sous son vocable, en l'honneur du vrai Dieu. En quittant Venise, Martial la confia aux soins d'un autre apôtre, qui peut-être y était entré avec lui, l'évangéliste saint Marc.

Mais, dans sa route, il lui arriva un accident que nous ne pouvons passer sous silence.

Il était de passage dans une petite ville, nommée Colle

ou Else, et là, selon sa coutume, en entrant sur la place publique, il trouva quelques païens rassemblés, et commença à leur prêcher le nom de Jésus-Christ. Ces hommes l'écoutaient d'abord avec curiosité, puis avec intérêt, puis, enfin, à l'aide de la grâce, les rayons de la céleste lumière pénètrent leur intelligence, et ils prient notre saint de demeurer quelque temps parmi eux, pour cultiver un peu cette vigne naissante qu'il avait plantée.

Martial, y ayant consenti, se trouva bientôt en butte aux accusations et aux hostilités des prêtres des idoles. Un événement, d'ailleurs fort triste, sembla même devoir donner raison à ceux-ci. Après une très-courte maladie, Austriclinien, le cher compagnon de saint Martial, vint à mourir.

Il fut enseveli suivant le rite chrétien, par ses compagnons en pleurs ; mais les idolâtres ne manquèrent pas de dire que cette mort était un châtiment infligé par les dieux, pour punir les propagateurs de la secte nouvelle : et la foi des néophytes se trouvait ainsi ébranlée.

Martial, plein de douleur de la perte de son ami, et de l'effet que cette mort produisait sur des âmes trop crédules, prend soudain son parti, et laissant aux soins d'Alpinien la petite chrétienté naissante, si cruellement éprouvée, il reprend le chemin de Rome, pour verser sa douleur dans le sein de saint Pierre, et, peut-être, pour lui demander un autre collaborateur.

Il voyageait à pied, pieds nus, demandant l'aumône sur sa route, et se nourrissant du pain de la mendicité, qu'il payait, en tous lieux, par le pain de la divine parole. Son voyage dura vingt jours, après lesquels il revit les murs de la ville reine, et le fronton du Capitole lançant au loin ses rayons d'or. Il se met aussitôt à la recherche du prince des Apôtres, et dès qu'il l'a trouvé, il se jette dans ses bras et lui dit, fondant en pleurs :

« O mon Père, le compagnon que vous m'aviez donné est mort. J'ai perdu l'ami le plus fidèle et le soutien le plus cher. Vous m'aviez dit qu'il me seconderait dans ma dure mission des Gaules, et voilà qu'il n'est plus !

— Mon fils, lui répondit le prince des Apôtres, pourquoi vous troublez-vous ? Vous reverrez le compagnon de vos travaux, et vous le reverrez plein de vie. Ayez la foi en celui qui ressuscita Lazare, prenez ce bâton pastoral que je vous donne, posez-le sur les restes inanimés de votre ami, au nom du Seigneur Jésus-Christ, et la mort vous rendra sa proie. »

Martial, consolé, reprit la route de la ville d'Else avec le bâton que lui avait donné saint Pierre. Après un pénible voyage, quarante jours s'étant écoulés depuis son départ, il rentre dans la ville où l'attendaient Alpinien et les autres disciples; il ordonne qu'on exhume le corps d'Austriclinien, et quand il fut devant ce cadavre, qui depuis si longtemps avait été confié à la terre, il posa sur lui le bâton de saint Pierre, ainsi qu'il lui avait mandé, et, en présence des habitants de la ville entière, le mort revint à la vie.

Le souvenir de ce prodige s'est conservé, dit un des biographes de notre saint, dans la ville d'Else, qui se convertit, à cette occasion, presque entière, et où, plus tard, une église fut bâtie en l'honneur de saint Martial.

Chacun sait que, parmi les ornements sacrés à l'usage des évêques, se trouve un objet en cuivre ou en argent doré, avec la tête recourbée, et que l'on appelle crosse ou bâton pastoral. Beaucoup de savants pensent que cet usage date des temps apostoliques et rappelle le don que fit l'apôtre saint Pierre à plusieurs évêques missionnaires, qu'il envoyait au loin pour prêcher l'Évangile. Mais, cette crosse épiscopale, pourquoi celui qui est l'évêque des évêques et le chef suprême de l'Église, est-il le seul à n'en pas porter ?

La réponse à cette question nous est donnée par un

pape lui-même, le grand et docte Innocent III, lequel nous apprend que c'est en mémoire du don que nous venons de rappeler et que fit l'apôtre saint Pierre, se dessaisissant de son propre bâton pour le confier à son cher fils, le bienheureux saint Martial; c'est, disons-nous, en mémoire de ce précieux don que, depuis lors, le pasteur des pasteurs conduit, aux pâturages de la lumière et de l'amour, ses agneaux et ses brebis, sans porter de houlette.

X

PRÉLUDES A LA MISSION DE LIMOGES.

Si nous en croyons les hagiographes qui nous ont
transmis, en tout ou partie, les documents où nous avons
puisé les éléments de la présente étude, la route suivie
par notre saint fut longue, et hérissée de difficultés et
de dangers. Il demeura, après son départ de Rome, une
année entière en voyage, et ne parvint en Aquitaine
qu'après avoir traversé successivement la Provence, le
Dauphiné, le Lyonnais et l'Auvergne, qu'il évangélisa
en passant.

 Limoges était alors une cité riche et fort peuplée, on
la considérait comme la ville principale et même la capitale de la province. Sa position, dans un pays monta-

gneux, la rendait particulièrement importante, et les Romains, qui l'avaient conquise, se souvenaient que ses habitants avaient envoyé dix mille soldats, qui étaient partis de Lemovicum pour combattre les légions de César; et ils la gardaient avec un soin jaloux, comme une de leurs plus précieuses conquêtes.

Les gouverneurs envoyés par les empereurs romains, pour administrer en leur nom les provinces éloignées, portaient, selon les lieux, différents noms. A Rome, ils avaient le titre de proconsuls; mais chaque nation leur donnait un nom particulier, ainsi que nous le voyons même dans l'Évangile, au sujet de Ponce Pilate. Dans les Gaules, le peuple les nommait ducs, ou *duces,* parce qu'ils avaient coutume, en temps de guerre, de commander les armées.

Lorsque saint Martial entra dans le Limousin, le proconsul était absent de Limoges, lieu de sa résidence. Il se nommait Junius Silanus, et appartenait à la famille de l'empereur Claude, alors régnant, et qu'il avait suivi dans la Grande-Bretagne, avec des troupes, pour en faire la conquête. Silanus avait une noble nature, il était ardent, impétueux, intelligent, et il avait été, à cause de ses grandes qualités, quoiqu'il fût jeune encore, élevé à la dignité qu'il occupait dans l'Aquitaine.

Son prédécesseur, qui se nommait Léocade, était mort peu de temps auparavant, et avait laissé après lui sa veuve nommée Suzanne, de la noble famille des Manilius, et une fille, Valérie, d'une vertu peu commune et d'une rare beauté. Ces deux femmes, païennes l'une et l'autre, avaient continué d'habiter Limoges, et occupaient, sur la place principale de la ville, un palais qui leur appartenait, et où elles recevaient, de temps à autre, les visites du nouveau proconsul.

Celui-ci ne tarda pas à sentir l'influence de ce gracieux voisinage, et, la fortune et la famille de la jeune fille étant en parfaite convenance avec sa propre fortune et à la hauteur de son rang et de son nom, il demanda en mariage Valérie à sa mère, et l'obtint.

Cependant, la guerre de la Grande-Bretagne, qui était sur le point d'éclater, et à laquelle Silanus devait, comme nous l'avons dit, prendre part, avec une partie des troupes qu'il commandait dans les Gaules, força Suzanne à retarder le jour de cette union, et à attendre que le jeune proconsul fût de retour de la guerre. Cette époque était, d'ailleurs, très-prochaine, et on s'attendait à recevoir bientôt la nouvelle de l'arrivée du noble fiancé, qui s'était fait annoncer et revenait à Limoges, avec une suite nombreuse et brillante de grands seigneurs, de patriciens et d'officiers, qui étaient invités par lui à assister à son union.

L'évêque et le préfet étaient donc, en même temps, en route pour Limoges, par des routes opposées et dans un but bien différent. Celui-ci, Junius Silanus, revenait de la guerre, où il avait conquis des lauriers, et revenait, devançant ses troupes, pour témoigner, par cet empressement, de l'ardeur avec laquelle il soupirait après son union avec sa chère Valérie. Le saint évêque, de son côté, marchait vers la cité gauloise, dans le dessein d'en faire la pacifique conquête, et n'ayant ni trésors ni armée, et pour toute arme portant à la main le bâton que lui avait remis le suprême pasteur.

Le chemin suivi par saint Martial était semé de prodiges. Ce fut d'abord comme une route triomphale, et aussi, de temps en temps, ce qui lui était plus précieux, encore une voie de douleurs.

Le premier lieu où, dans le Limousin, notre apôtre fit son entrée fut une localité dont le nom ancien nous est inconnu, mais qui porte, aujourd'hui, celui de Thoulx-Sainte-Croix. Cette localité était, autrefois, plus importante qu'elle ne l'est présentement. Un des principaux habitants du pays donna l'hospitalité au serviteur de Dieu et à ses compagnons, et, pour prix de cette hospitalité, Martial lui prêcha la doctrine de l'Évangile.

Cet homme, nommé Arnoul, avait une fille qui, toute jeune encore, avait été possédée du démon, et tombait fréquemment dans des convulsions affreuses. Saint Martial, la voyant dans cet état, fut ému d'une compassion profonde, et délivra cette pauvre enfant, par l'invocation du nom de Notre-Seigneur Jésus-Christ.

Un autre miracle, plus éclatant peut-être, fut la résurrection d'un mort, miracle opéré en faveur du gouverneur romain de la forteresse, lequel venait de perdre son fils. Ce fut cet enfant que saint Martial ressuscita par ses prières. Après avoir, en effet, appelé les assistants à implorer avec lui la miséricorde de Dieu, notre saint, plein de confiance, prend le mort par les mains, en lui disant : « Jeune homme, au nom de Jésus-Christ, que les Juifs ont crucifié, je te commande de revenir à la vie. » A ces mots, l'enfant se leva sur ses pieds, et, tombant aux genoux du saint, lui demanda le baptême.

Plusieurs milliers de personnes, témoins de ce prodige, sollicitèrent et obtinrent la même grâce, et après avoir brisé les idoles qu'on adorait dans le temple, Martial fit édifier une église en l'honneur du vrai Dieu, et laissa dans cette ville, en la quittant, une chrétienté florissante, et des prêtres pour la cultiver et la servir.

De Thoulx, notre saint, continuant sa marche vers Limoges, s'arrêta de nouveau dans une autre ville, nommée Ahan, dont les habitants étaient fort adonnés au culte des idoles. Martial, selon sa coutume, s'étant arrêté sur la place publique de la ville, le peuple, excité par les flamines, l'interrompit au milieu de son discours, et les prêtres des faux dieux l'ayant fait arrêter et dépouiller de ses vêtements, le firent battre de verges, jusqu'à ce que son sang ruisselât et que sa chair fût en lambeaux. Ensuite de quoi, il fut conduit en prison.

Pendant ce temps, l'apôtre priait pour ses bourreaux, selon l'exemple et le précepte qu'il avait reçus du divin Maître, et d'Étienne, le premier des martyrs.

Cette prière ne tarda pas à être exaucée. Les flamines furent tout d'un coup, et tous à la fois, frappés de cécité. Après avoir, mais en vain, été demander leur guérison à l'autel de Mercure et à celui de Jupiter, ils comprirent le crime dont ils s'étaient rendus coupables, et vinrent implorer leur pardon aux pieds de leur victime. Martial, comme toujours, rempli de mansuétude, non-seulement leur pardonna, mais les guérit par son intervention puissante, et conquit leurs âmes à Dieu.

Le retentissement de ce miracle, et la guérison, qui le suivit, d'un riche paralytique, eurent pour conséquence la conversion de beaucoup d'autres âmes, et la destruction, dans les temples, des idoles de Jupiter.

Non loin de ce lieu fut édifié, par notre saint, un oratoire qui subsiste encore, et autour duquel s'est formé, peu à peu, un bourg, qui porte aujourd'hui le nom de Chapelle-Saint-Martial.

En lisant ces traits dans les diverses légendes où sont racontés les actes de notre saint, et en voyant de quel procédé il se servait dans la fondation de toutes ces chrétientés nouvelles, nous ne pouvions nous empêcher de penser que ce système valait peut-être celui des catholiques appelés libéraux, qui, estimant qu'on devrait laisser vivre l'erreur côte à côte avec la vérité divine, semblent oublier qu'entre les ténèbres et la lumière il n'est point de société possible, et que la nuit ne peut subsister simultanément, nulle part, avec les rayons du soleil.

Il est des races ennemies, et tellement antipathiques entre elles, qu'il faut absolument que l'une détruise l'autre. Si les bons, quand ils le peuvent, ne mettent pas une muselière aux méchants, il viendra une heure où les loups seront en nombre, et mangeront sans merci les brebis et les chiens.

Ceci est une prophétie ; mais cette prophétie est aussi de l'histoire.

XI

CONVERSION DE LIMOGES.

Le spectacle auquel nous convions nos lecteurs est, assurément, d'une grandeur exceptionnelle. A l'époque où nous nous sommes transportés, par la pensée, les Gaules n'avaient encore jamais ouï parler de Jésus-Christ, ni reçu connaissance de l'Évangile. Là, régnait la barbarie, aux prises avec la civilisation païenne, mais l'une et l'autre dans d'obscures ténèbres. La barbarie adorait la férocité; la civilisation romaine divinisait tous les vices. Les Gaulois sacrifiaient des victimes humaines, pour se rendre leurs divinités propices, et les Romains, qui avaient conquis la contrée, sans tenter de détruire par la violence les cruelles superstitions locales, cherchaient à y substituer leurs propres dieux, pour affermir leurs conquêtes, en y adoucissant ou, pour mieux dire, en y amollissant les mœurs.

Partout où ils s'étaient établis, ils avaient bâti des théâtres, et édifié des temples, selon la coutume romaine, et conformément à la religion de la ville des Césars. Cette religion était, d'ailleurs, solidement organisée. L'empereur était revêtu lui-même de la dignité sacerdotale, et les plus grands seigneurs se faisaient gloire d'en exercer les fonctions; fonctions qui, peut-être, lucratives pour quelques-uns, constituaient un des rouages importants de l'État. Il y avait des prêtres de famille sénatoriale, et quelquefois des sénateurs se faisaient recevoir flamines, et voyageaient à ce titre, soit à la suite des armées, soit dans les villes de garnisons, pour y inspecter, revêtus d'une autorité officielle, ce qui avait rapport au service des temples et au culte légal.

Ces hommes, soit par conviction, soit par intérêt, étaient les ennemis-nés de toute religion rivale, et devaient porter particulièrement à celle de Jésus-Christ, qui ne tolérait aucun culte étranger, et n'admettait d'autre Dieu que Dieu, une irréconciliable haine. Aussi était-ce surtout au christianisme que les prêtres païens avaient déclaré la guerre ; et dans les annales de ces temps primitifs, nous voyons que l'Église naissante eut d'abord et partout à souffrir du fanatisme intéressé des prêtres des faux dieux.

Limoges étant, comme nous l'avons dit, la ville la plus importante des Gaules et le point le plus central du pays conquis, on lui avait conféré tous les bénéfices d'une civilisation importée, soit à l'usage des Romains, soit pour attirer les nationaux indigènes, par l'éclat des fêtes romaines, et par la pompe des solennités célébrées selon le rite césarien. Il y avait donc, dans la ville, un vaste théâtre et plusieurs temples érigés en l'honneur de Jupiter, de Mercure et de Vénus. Deux sénateurs romains étaient délégués à l'inspection des augures et à la surintendance des lieux sacrés : c'étaient des personnages considérables, exerçant une autorité réelle. Ils s'appelaient, à ce que l'on croit, l'un Antérius Antoninus, et l'autre Valérius Cotta, et étaient venus dans les Gaules avec le jeune proconsul.

C'était contre cette puissante organisation que le christianisme allait avoir à combattre. La lutte est formidable, et le spectacle est grand. Le monde païen, avec ses armées, ses richesses, sa majesté antique, et la séduisante volupté de ses vices, se trouvait en face d'un apôtre du vrai Dieu, qui voyageait pieds nus, sans suite, sans argent, sans prestige et sans pompe, n'ayant apporté au combat que sa pauvreté, ses vertus et son bâton de pèlerin.

Quand Martial se présenta aux portes de Limoges, on dit que Jésus-Christ lui apparut, dans une splendide lumière, et raffermit son courage, en lui donnant l'assurance qu'il serait toujours avec lui. Le saint fit son entrée dans sa future ville épiscopale par la porte qui garde encore aujourd'hui le nom de porte du Saint-Esprit, à moins que, comme cela n'est pas rare en France, elle n'ait été, au bénéfice de quelque ligne droite, détruite par une municipalité intelligente, pour l'amour de l'histoire et pour l'honneur de l'art.

C'était au mois de mai, l'an 46ᵉ de Jésus-Christ et le 2ᵉ du pontificat de saint Pierre à Rome, que notre saint entra dans la grande et tumultueuse cité. Nous connaissons sa méthode : elle était simple et droite ; c'était aussi la méthode de saint Paul et des apôtres. Il prêchait le royaume de Dieu à ceux qui voulaient bien l'entendre ; et, parmi ses auditeurs, les uns, touchés par la grâce, se laissaient convaincre et persuader ; les autres, en plus grand nombre, sollicités par cette même grâce, se révoltaient contre elle, et s'irritaient contre son prédicateur. C'était à peu près alors comme aujourd'hui, comme toujours, hélas !

A peine entré dans Limoges, saint Martial commença donc le cours de ses prédications, secondé par Alpinius et Austriclinius, ses deux fidèles disciples; et Dieu aidant, au bout de quelques jours, grâce surtout à un événement dont nous parlerons plus tard, le nombre des disciples et des auditeurs s'accrut de telle sorte, que les prêtres des idoles s'en émurent; les magistrats furent informés que la foule suivait les étrangers pour s'affilier à la doctrine nouvelle, et désertait déjà les autels des dieux. Ordre fut intimé à Martial de cesser ses prédications publiques, si audacieuses et si contraires à l'ordre de chose établi, sous peine d'encourir des châtiments sévères. — Le saint et ses compagnons répondirent par ces paroles, consacrées dans l'Église : qu'il vaut mieux obéir à Dieu qu'aux hommes, et que, quant à eux, ils ne pouvaient transgresser les ordres que leur avait intimés le roi des rois.

Ce fut, sans doute, par une inspiration divine que notre apôtre, sachant que toute la population lémovice devait se trouver au théâtre, pour y assister aux jeux publics, jugea expédient de s'y rendre lui-même afin de prêcher là Jésus-Christ à tout le peuple assemblé.

Les fêtes, alors, avaient un caractère à la fois religieux et politique, et les théâtres étaient le lieu où les réunions populaires étaient le plus nombreuses et le public le plus choisi. Ces monuments étaient disposés de façon à recevoir des spectateurs en foule, et non-seulement on y jouait des pièces comiques et tragiques , mais on y faisait intervenir tout ce qui pouvait intéresser les assistants, et impressionner des masses toujours avides d'émotions. Par une contradiction étrange, la civilisation romaine, qui réprouvait les sacrifices humains offerts par les mains des druides, admettait parfaitement l'effusion du sang des hommes comme un divertissement public. Seulement, cette tuerie se faisait en grand ; quelquefois en jetant des esclaves aux dents des bêtes féroces, quelquefois en faisant combattre, les uns contre les autres, et s'entr'égorger, pour amuser le peuple, jusqu'à six mille gladiateurs à la fois.

Ces passe-temps populaires avaient lieu dans les arènes, dans les cirques, dans les théâtres ; à Rome, en grand, et, dans les provinces, sur une plus petite échelle ; mais partout ils offraient à la foule un irrésistible attrait ; et c'était là le lieu et le moment, et l'auditoire choisis par saint Martial pour prêcher l'Évangile !

Je me figure que lorsqu'il se présenta au milieu de ce peuple immense, il dut y exciter un étonnement prodigieux. Déjà, depuis quelques jours, le bruit s'était répandu de son arrivée et de ses allures étranges. Les nouveaux chrétiens n'étaient pas là, et notre apôtre ne se trouvait en face que d'ennemis déclarés du Christ et de son Église. Quand il ouvrit la bouche, après avoir, selon l'usage du temps, demandé le silence par un geste majestueux, chacun se tut et l'écouta. Ce qu'il dit, nous le savons, dans sa substance, sans en connaître les termes précis; il prêcha Jésus-Christ et Jésus-Christ en croix, cette grande folie et ce grand scandale des Juifs et de la gentilité.

Il prêcha Jésus-Christ et sa doctrine; la béatitude des larmes, à ces hommes de plaisir; le besoin de la pénitence, à ces amants de voluptés; la nécessité d'adorer un esclave cloué à un gibet, à ces patriciens superbes et à ces citoyens si fiers de leur civique liberté.

L'auditoire était muet de stupeur et demeurait interdit de tant d'audace; la foule frémissait de colère, et les pontifes Antoninus et Cotta se promettaient de tirer une éclatante vengeance de ce contempteur de leurs ordres, et de ce violateur effronté des lois de l'empire romain.

A peine Martial eut-il fini son discours qu'il s'éleva contre lui une clameur immense. Cette bête féroce, qu'on appelle le peuple, demandait à grands cris la mort de l'insulteur des dieux; les flamines en appelaient aux magistrats chargés de faire exécuter les prescriptions légales, et ceux-ci, en vertu de leur autorité, ordonnèrent que Martial fût arrêté sur l'heure, attaché à une colonne et immédiatement flagellé.

Quand l'ordre sanglant eut été exécuté, Martial fut jeté, avec ses compagnons, dans un obscur cachot, où les flamines espéraient les laisser mourir, et voir s'éteindre avec eux l'espoir de la société naissante. C'est ainsi , en effet , que sont détruites quelquefois les œuvres humaines; mais ce n'est pas ainsi que s'arrête la parole de l'Évangile, et que l'on met un obstacle à l'œuvre de Dieu.

A peine dans sa prison, notre saint commença à instruire les prisonniers qui s'y trouvaient en grand nombre, leur prêchant, dès l'abord, la doctrine de Jésus-Christ. Ces hommes, touchés de la grâce et de la prédication du saint apôtre, sentent bientôt leurs cœurs s'amollir, et, peu à peu, les célestes rayons de la foi les illuminent, et les amènent à des sentiments de repentir et d'espérance. Après un jour et une nuit, passés dans cette sainte occupation, Martial, dont l'ardeur ne pouvait être contenue, ni le zèle enfermé dans de si étroites limites, éprouvant comme le besoin de revoir ses enfants, qu'il avait récemment gagnés à l'Évangile, et celui de voler à de nouvelles conquêtes, se sentant comme divinement inspiré, s'écrie vers son divin Maître : « Seigneur, dit-il, lumière qui ne défaillez jamais, accordez-nous, je vous prie, un rayon qui nous éclaire toujours, afin que les enfants de la terre, qui nous ont enfermés dans cette sombre prison, à cause de votre nom, ne se réjouissent point de nous avoir plongés dans les ténèbres et que les démons soient confondus. »

Il n'avait pas achevé cette courte, mais fervente prière, que tout à coup une grande clarté, radieuse comme le soleil, illumine la prison, et la rend plus brillante que le jour : les portes s'ouvrent d'elles-mêmes, les chaines des prisonniers tombent en pièces, et tous ceux qui se trouvaient incarcérés, témoins de ce prodige, se jettent aux pieds du martyr et lui demandent le baptême, que le saint leur accorde, les rendant ainsi, de captifs qu'ils étaient, doublement libres et enfants du Très-Haut.

Pendant que la prison était témoin de ces merveilles la ville de Limoges était dans la terreur. Un affreux tremblement de terre avait jeté et continuait de jeter l'épouvante dans la population de cette ville, où le sang du juste avait été répandu. Des nuages sombres, précurseurs des orages, roulaient avec rapidité dans le ciel en feu, et bientôt éclata la plus horrible des tempêtes. L foudre tombait à chaque instant, semant partout l'incendie et la mort. Les prêtres, et le peuple par milliers, accourent dans les temples des faux dieux, implorant en vain le secours de leurs sourdes idoles, et au milieu de la consternation universelle, un coup de tonnerre, plus violent que les autres, foudroie deux pontifes, au pied même de l'autel de Jupiter. Ces deux prêtres étaient Antérius Antoninus et Aurélius Cotta.

Ces deux hommes, très-considérés dans la ville de Limoges, y étaient aussi, à ce qu'il paraît, aimés. La part qu'ils avaient prise à la condamnation du saint, et le châtiment terrible dont ils venaient d'être frappés, ouvrirent enfin les yeux de ce peuple rempli d'épouvante. Ils comprennent qu'un outrage a été fait au Dieu que leur prêchait le messager de la bonne nouvelle, et, par je ne sais quel sentiment de terreur, mêlé de repentir et d'espoir, la foule, s'emparant des corps inanimés des deux flamines, les apporte à la prison, où Martial était encore, et les dépose humblement à ses pieds, promettant, s'il les rendait à la vie, d'abjurer le culte de leurs divinités et d'embrasser celui du véritable Dieu.

L'humble apôtre, rempli de joie, élevant vers le ciel ses mains encore enchaînées, après avoir imploré le Seigneur, prit les morts par la main, en disant : « Au nom

de Notre-Seigneur Jésus-Christ, que les Juifs ont crucifié, et qui est ressuscité des morts le troisième jour, levez-vous et dites à ce peuple ce qu'il doit faire pour
être sauvé ! » A ces mots, les deux prêtres ressuscitent et
tombent avec tout le peuple aux pieds de saint Martial,
protestant à haute voix qu'il n'y a point d'autre Dieu
au ciel et sur la terre, que le Dieu tout-puissant des
chrétiens.

Ce miracle éclatant produisit dans la ville un effet
immense ; une grande partie de la population sollicita
et obtint la grâce du baptême, avec les deux ressuscités
qui, dans le sacrement de la régénération, reçurent les
noms d'André et d'Aurélien. La cérémonie de ce baptême fut faite dans le temple même de Jupiter que Martial, après en avoir fait briser et livrer les idoles aux
flammes, consacra au vrai Dieu, purifia, bénit et adapta,
comme les premiers chrétiens avaient coutume de le
pratiquer, à son nouvel usage. Cette église devint ainsi
comme la cathédrale de saint Martial ; elle fut consacrée
le 3 août de cette même année, le jour même où les habitants de Limoges y reçurent le saint baptême et où,
par Alpinius et Austriclinius, le saint évêque y fut solennellement intronisé.

Il est digne de remarque que saint Martial fit élever,

sous le vocable de la bienheureuse Vierge Marie, qui vivait encore, une autre église, sur l'emplacement même de la prison où il avait souffert pour le nom de Jésus-Christ ; et dans le voisinage de cette même prison, une pieuse femme qui possédait un vaste enclos le donna avec sa propre demeure, pour servir de retraite à d'autres femmes chrétiennes, qui désiraient y vivre en communauté. Telle fut l'origine de l'abbaye de la Règle, qui sert aujourd'hui de grand séminaire, dans la ville et le diocèse de Limoges.

Sur l'emplacement du théâtre, le patriarche des Gaules fit, plus tard, bâtir une autre église, qu'il consacra à la très-sainte Trinité. D'autres temples furent encore, par lui, convertis en églises, et il est bon de noter ici que tous les autels qui s'y trouvaient furent détruits avec les images des idoles, saint Martial ne laissant subsister que les autels, dont il se rencontra quelques-uns à Limoges, comme saint Paul en avait trouvé un à Athènes, qui étaient dédiés *au Dieu inconnu.*

La nouvelle cathédrale fut dédiée au vrai Dieu sous le vocable du premier des martyrs, le glorieux diacre saint Étienne ; et, peut-être, saint Martial déposa-t-il le sang de son illustre parent dans l'autel de ce temple qui lui était particulièrement consacré.

Ce fut donc, comme nous l'avons dit, le 3 du mois d'août que s'accomplirent au milieu d'un grand concours de peuple, la consécration du premier temple chrétien d'Aquitaine, et la prise de possession de son siége épiscopal par son premier pasteur.

L'Église catholique était, dès lors, fondée dans les Gaules; et le signe de la sainte croix arboré au fronton purifié du temple de Jupiter.

XII

SUZANNE ET VALÉRIE.

Quand nous nous représentons le monde païen d'autrefois, l'idée qui se forme dans notre esprit est, presque toujours, celle d'un tissu d'iniquités universelles. Nous nous figurons les hommes vivant dans ces temps anciens comme autant d'êtres livrés à tous les vices et commettant tous les crimes; et cette opinion n'est pas absolument une erreur. Il est certain, en effet, que le niveau moral des peuples tombés dans le paganisme était incontestablement au-dessous de celui des nations chrétiennes, et inférieur de beaucoup. Cependant, il est deux remarques à faire, qui ne sont pas sans importance. La première, c'est que cette infériorité ne se rencontre que vis-à-vis des sociétés modernes qui vivent sous la loi de l'Évangile ; mais non vis-à-vis de celles où le catholicisme a péri.

Quand une contrée s'est déshéritée de la lumière, les ténèbres s'y épaississent plus encore que sur la gentilité d'autrefois, et la corruption y pénètre et s'y revèle plus profonde et plus hideuse que là où Jésus-Christ n'a jamais été connu. Nos régions en dégénérescence nous en fournissent d'irrécusables témoignages. Il n'y a point de horde sauvage aussi dégradée que certaines populations de nos villes et, il faut le dire, de nos champs. Le païen vaut encore mieux que l'athée, et la matière brute mieux que la chair en décomposition.

Dans le champ du paganisme, Dieu avait ses plantes de choix, et, même avant la venue du Seigneur, qui sait le nombre des âmes que s'était réservées le Cultivateur suprême au sein de la corruption universelle ? Qu'ils soient païens ou non, la volonté de Dieu est le salut de tous. Au sein du vieux monde, subsistaient, certainement, dans quelques familles restées relativement pures, des notions de vérités, traditionnellement transmises et traditionnellement conservées, qui suffisaient à la conservation de la vie, dans la conservation de la clarté. Job était juste et saint sur une terre idolâtre, et ses amis, malgré le blâme sévère que le Seigneur leur inflige, paraissent avoir été orthodoxes de même, et mérité leur pardon. Chez les nations celtes, les promesses du Réparateur n'étaient pas tellement oblitérées qu'on ne gardât encore quelques saintes croyances, et celle, même, de la Vierge qui devait enfanter. Le Dieu inconnu, dont saint Martial respecta les autels, pouvait être le mystérieux refuge de bien des cœurs révoltés par le culte de divinités infâmes et de bien des intelligences que n'accommodait pas l'idée, vulgairement admise, de la multiplicité des dieux. La sainte Écriture, et même les pages de l'Évangile, nous parlent de quelques hommes pieux et demeurés amis de Dieu, quoique n'appartenant pas à la race juive, et ce dut être dans ces rangs-là que la foi du Christ fît ses premières conquêtes.

Denis, à l'aréopage d'Athènes, si le mot qu'on lui prête est vrai : Ou le Dieu de la nature souffre, ou la machine du monde se dissout ; — mot prononcé, dit-on, à l'occasion des ténèbres qui se répandirent sur la terre pendant que Jésus-Christ était en croix, — Denis devait être, aussi lui, de ces âmes d'élite, préparées à recevoir la divine semence de l'Évangile ; et aussi reçut-il de suite le baptême, qui lui fut conféré par saint Paul.

Dans la société humaine, considérée au point de vue

intellectuel et moral, il semble qu'il y ait comme trois classes distinctes : les justes et les pécheurs qui forment les deux extrêmes, et la classe intermédiaire des honnêtes gens qui représentent la corruption dorée; ou, comme le dit mieux encore le divin Maître, la mort aride sous le badigeon. C'est à ceux-ci que la bonne parole fait inévitablement ombrage, parce qu'ils sont cristallisés dans l'orgueil. Ils ne veulent pas de la justice qui les gêne, et ils ne veulent pas non plus du repentir qui les blesse davantage encore. La justice les contraindrait à rompre avec leurs vices, et le repentir, en grattant le vernis qui les recouvre, les obligerait à se démasquer. Cette double alternative leur répugne à un titre égal et, quand la lumière leur est offerte, ils ne songent qu'à l'éteindre, comme la plus gênante des visions, et à étouffer celui qui l'apporta. C'est là ce qui explique comment, sur le Calvaire, le regard de Jésus convertit un larron, tandis que les pharisiens et les scribes passaient devant la croix en hochant la tête et en sifflant, se repaissant avec délices de l'agonie de leur victime; et comment, en s'en retournant chez eux, ils se disaient l'un à l'autre, en se frottant les mains d'aise : Cette fois, il est bien mort !

Tant que durera le monde, il y aura toujours des justes

pour compatir aux douleurs de l'innocence opprimée, des coupables se frappant la poitrine comme le centurion romain, et disant : Celui-ci était vraiment le Fils de Dieu ; et des Pharisiens aussi, roulant des pierres devant l'entrée du sépulcre sacré, dans la crainte qu'il n'en sorte un rayon pour effrayer leur vue. Ces gens-là ne se convertissent jamais.

La foule est féroce ; mais il lui faut le scribe et le pharisien qui la poussent. Peu lui importe que le Christ soit crucifié ou que ce soit Barrabbas ; pourvu qu'elle ait son spectacle et du sang, cela lui suffit ; mais cela ne suffit pas au pharisien ni au scribe. Le scribe hait Dieu parce que Dieu le muselle et ne lui permet point de gagner un certain pain souillé, en écrivant certaines choses en certains lieux. Et le scribe répand son venin sur la foule, et lui fait hurler le *crucifigatur*.

Quant au pharisien, il est poussé par un autre mobile. Ce n'est pas pour lui une question d'avarice, ni de gagne-pain. Il a son chez soi, très-confortable assurément ; il a un emploi fort honnête, il est quelquefois diplomate, souvent administrateur, fin politique toujours. Il inspire volontiers le scribe. Il est censé n'avoir au cœur ni fiel ni rancune. Que lui importe, à lui, ce Christ, cet homme dont on parle ? Il le dédaigne, et voilà tout. Au besoin, il lui décochera quelque aigre bon mot, ou condescendra à lui donner quelque sage avis, par pitié, disant : Maître, pourquoi ne pas pactiser avec les idées modernes? C'est lui l'inventeur des questions insidieuses au sujet de ce César qu'il déteste, et sur le courroux duquel il spécule pour faire condamner l'Homme-Dieu. Mais grattez le vernis, et vous trouverez bientôt, sous la couche d'apparente indifférence qui le recouvre, le souvenir cuisant de son histoire secrète, inscrite sur le sable par le doigt divin.

Voilà les hommes qui ne se convertissent jamais; les hommes qui ameutent la foule contre Jésus, et son Église, et son Vicaire, sous toutes les formes, dans tous les temps et tous les lieux ; les hommes qui dénoncent calomnieusement le Christ à la lâcheté ou à l'imbécillité des Césars; les hommes qui n'entrent point dans le prétoire pour ne pas se souiller et pouvoir manger leur pâque de saucises le jour du vendredi-saint; les hommes qui, quand on leur propose de servir eux-mêmes de bourreaux, regardent en frissonnant de dégoût leurs mains bien gantées, affirmant qu'il ne leur est pas permis de faire périr personne, et qui récitent des homélies touchantes contre la peine de mort, tandis qu'ils font, en même temps, charpenter la croix du Christ, et aiguiser

les clous par leurs valets. Et quand tout est consommé
ils se lavent les mains du crime, avec l'eau qui a servi
à Pilate, sans s'apercevoir que cette eau-là même est
rouge de sang. Ces hommes, ils ont encore la spécialité
de se tenir à l'écart au moment des émeutes, et de n'é-
merger de leur cave que quand le danger est passé, et
qu'il y a quelque décoration à ramasser dans la fange,
ou quelque petit profit à réaliser.

Mais à côté de cette caste pourrie et incurable, on
trouve encore, heureusement pour l'honneur de l'humanité, quelques âmes et quelques cœurs demeurés purs,
qui suivent, en pleurant, Jésus au Calvaire, et, même
dans le monde de la gentilité, il y avait de ces natures
prédestinées, attirées, par l'aimant de la pureté et de la
justice, vers le Dieu de la chasteté et de l'amour.

Du nombre de ces âmes simples et virginales étaient
Suzanne et Valérie.

Dans le monde païen, comme nous l'avons dit plus
haut, la bonne terre n'était donc pas aussi rare qu'on le
suppose ; mais elle n'avait point encore été dignement
ensemencée par le divin Cultivateur. Il n'y poussait que
de l'herbe, où les animaux de la terre pouvaient trouver
une suffisante pâture ; mais jamais n'y avait encore
germé la fleur qui embaume le ciel, et jamais n'y avait

mûri le fruit délicieux réservé pour la table du roi des rois. Cette fertilité divine et cette nouvelle splendeur ne devaient apparaître qu'aux purs rayons de l'Évangile.

Le mariage lui-même, quoiqu'il fût tombé moins bas que dans nos sociétés abâtardies, n'était cependant point arrivé à revêtir la dignité sacramentelle, que pouvait, seule, lui communiquer la toute-puissance régénératrice de l'Homme-Dieu. Le premier mariage devait être l'union divine du Christ et de son Église, source féconde dont toute union découle dans l'ordre surnaturel. L'eau claire, quelque limpide qu'elle fût, avait besoin de la bénédiction du Maître pour être convertie au vin généreux du mariage chrétien : et ce fut là le premier de ses miracles, le miracle fondamental qui doit servir de base à toute société viable, le grand miracle des noces de Cana, en Galilée, après lequel, seulement, ses disciples crurent en lui.

Mais pour réhabiliter le mariage, cette union qui n'est qu'un rayonnement de l'union mystérieuse contractée par le Verbe de Dieu avec la nature de l'homme, et une image de celle qui subsiste entre sa personne sacrée et la mystique Jérusalem, pour réhabiliter, disons-nous, le mariage, il fallait, d'abord, faire remonter à leur niveau ceux qui étaient appelés à contracter ce lien sacré, et la première à relever devait être celle qui était tombée le plus bas, c'est-à-dire la femme.

Nous ne voulons point faire ici l'étalage d'un luxe d'érudition intempestive; nous rappellerons seulement ce que sait quiconque n'est pas complétement ignorant des mœurs de l'antiquité, c'est-à-dire qu'à l'époque où la lumière catholique vint à luire dans les ténèbres de la gentilité, la femme était à peine plus qu'une chose; on disposait d'elle comme d'un meuble de la maison; et, quand l'âge de s'en débarrasser était venu, elle était irrémédiablement ou donnée ou vendue par son père, à un acquéreur, qui prenait le nom d'époux.

Quand les hommes veulent opérer une réforme dans les institutions sociales, ils ont infailliblement recours soit à des réclamations violentes, soit à des lois revêtues d'une sanction pénale, moyens qui peuvent être légitimes et honnêtes, mais qui ne réussissent pas toujours. Les œuvres de Dieu portent un autre cachet et montrent un tout autre caractère. Les résultats désirés sont renfermés en germe dans des principes qui ne semblent pas les contenir et qui, tôt ou tard, les enfantent, mais sans révolution sanglante, sans colère et sans haine, ce qui est leur unique défaut. Ainsi, l'eucharistie a-t-elle détruit l'esclavage, comme le sacrement de pénitence a usé la tyrannie; et c'est de la même façon que le mariage chrétien, sa dignité, sa sainteté; son indissolubilité même, ont été produits dans le monde par la perfection que Dieu a mise et révélée dans la vertu de parfaite chasteté.

C'est seulement du jour où la femme a compris qu'elle pouvait n'appartenir qu'à Dieu, que date son affranchissement réel de la loi de servitude, qui pesait sur elle, presque depuis l'origine des temps.

Pour peu qu'on veuille prendre la peine d'y réfléchir, on verra que toutes les institutions divines sont marquées au coin d'une sagesse surhumaine. Au temps où naquit Jésus de Nazareth, la majeure partie des hommes gémissait sous la loi de la plus dégradante servitude, et, qui plus est, en sentait le dur poids. Les révoltes des esclaves étaient fréquentes, et toujours comprimées. Humainement parlant, pour faire cesser cet humiliant état de choses, un réformateur quelconque eût attaqué l'abus de front et légiféré contre le fait de l'esclavage. Un mot du Maître a suffi : Je suis venu, disait-il, non pour être servi, mais pour servir. Le commentaire de l'Apôtre est splendide : Si tu as le choix, préfère la servitude, car là où se trouve l'esprit de Dieu, là est la liberté. Cet enseignement a ennobli l'esclavage, et, peu à peu, l'esclave, devenu l'égal de son maître dans l'agape eucharistique,

a vu tomber ses fers. Quelle perspicacité humaine eût
pu prévoir ce résultat et quelle puissance humaine l'accomplir? Or, le résultat était pourtant prévu, et, comme
irréfragable témoignage, nous avons la parole prophé-
tique de l'Écriture, disant : Vous serez vraiment libres,
quand le Fils de Dieu vous aura délivrés.

La marche suivie par le même Dieu n'est ni moins
prodigieuse, ni moins belle, ni moins sûre, au sujet de la
réformation opérée, dans la société humaine, par le mariage sacramentel ; dans le mariage, par la réhabilitation
de la femme ; et dans la femme, par la virginité. Dieu
n'impose point cette dernière forme de vie comme une
loi ; il se contente de l'indiquer comme un conseil : ce
n'est pas une prescription qu'il inflige, c'est une perfection qu'il propose ; il dit à l'âme : Choisis! Et toute
âme a le droit inaliénable de choisir, désormais, sans
qu'aucune violence extérieure ou morale soit autorisée
à entraver l'acte de sa suprême liberté.

Il est vrai que l'ère évangélique donne ainsi naissance
à un ordre de choses jusqu'alors inconnu. Naguère, il n'y
avait, à proprement parler, qu'une voie ouverte devant
les pas de la femme, maintenant il y en aura deux ; et,
par suite, deux vocations distinctes : l'une, sainte et belle,
devenir épouse et mère ; l'autre, parfaite et sublime,

demeurer vierge à la suite de Jésus et de la Mère auguste de Jésus. Et comme Dieu s'occupe des affaires de
l'homme, et prend le souci maternel de lui tracer sa voie,
il se réserve de faire lui-même aux âmes ces mystérieux
appels et de leur indiquer, en leur montrant le terme
final de la route, par quelle voie elles y devront marcher.
Prétendre substituer dans cette indication mystérieuse
sa propre sagesse à la sagesse infinie serait une pré-
somption insensée et comme un sacrilége. La direction des âmes est un privilége qui n'appartient qu'à
Dieu.

Que l'état de virginité soit incomparablement plus parfait que l'état du mariage, cela ne peut faire l'objet d'un
doute pour aucun chrétien. Les divines Écritures nous
l'enseignent dans les termes les plus clairs ; et, à défaut
de textes, nous aurions assez des exemples que ces mêmes
pages sacrées nous révèlent : l'exemple de Jésus et de
Marie, et, autour d'eux, de tout ce qu'ils ont le plus
aimé : saint Jean-Baptiste, saint Joseph, et saint Jean
l'Évangéliste, l'apôtre de l'amour. Nous oserions presque
mettre aussi dans cette liste sacrée la sainte qui fut si
chère au Rédempteur, car après avoir, dans le baptême,
revêtu la robe d'innocence, il est, parmi les docteurs, de
commune opinion qu'elle la conserva si pure et si imma-

culée, qu'elle fut digne de reconquérir, parmi les vierges, le rang qu'elle avait perdu.

Le conseil de demeurer dans l'état de virginité, qui se trouve déjà suffisamment formulé dans l'Évangile, fut, par l'apôtre saint Paul, inculqué aux fidèles dans des termes qu'aucun prédicateur de nos jours n'oserait reproduire. Le grand docteur des nations vivait lui-même dans cet état de perfection qui, dès lors, était pratiqué par ceux que Dieu appelait aux divines fonctions du sacerdoce. Il convenait, en effet, que, de même que l'enfantement du Verbe fait chair, dans la forme de sa mortalité, avait été accompli par la Vierge Marie, de même, aussi, ce fût la virginité sacerdotale qui le produisit dans sa manifestation eucharistique et dans ses membres, qui sont l'Église, terme final et parfait de sa venue, et complément suprême du mystère de son Incarnation.

Il est très-digne de remarque, en effet, que la maternité parfaite, dans l'ordre de la grâce, soit surnaturellement unie à l'esprit de parfaite chasteté. Le père et la mère, dans la sphère de la nature, reçoivent comme une sorte d'instinct très-admirable, sans aucun doute, pour aimer, défendre, nourrir, élever et protéger leurs enfants dans le domaine de la chair; cela se rencontre même dans les êtres d'une espèce inférieure, quoiqu'à un degré moins parfait ; mais la maternité spirituelle ne s'acquiert et ne se conserve que dans la pratique et l'esprit de charité parfaite, où, seulement, elle peut germer dans sa magnifique plénitude, et où elle ne se développe et ne s'épanouit qu'à la condition que le milieu qu'elle habite sera et demeurera pur. Il n'y a qu'une seule et même mesure pour la chasteté et l'amour. Voilà la raison pour laquelle, chez les peuples abâtardis, où le sacerdoce a perdu sa virginale auréole, le zèle est mort. On ne peut à la fois aimer les âmes et la chair, par la même raison que l'oiseau ne peut à la fois être captif dans une cage où on lui a coupé l'aile, et voler, en chantant les chants de liberté, sous le vert feuillage des bois. Le sacerdoce catholique est porté, lui aussi, sur deux ailes : la première est celle de la prière ; la seconde, celle de la chasteté : et ce n'est pas sans une inspiration de la divine sagesse que l'Église les lui a l'une et l'autre attachées : l'Église s'y entend, car elle est mère aussi.

Mais ce sublime et sacré privilége n'est pas le partage exclusif de la race sacerdotale. L'apôtre saint Paul, dans ses épîtres aux Corinthiens, l'enseigne avec une clarté de doctrine qui ne peut laisser place à aucun doute : « Quant à ce qui concerne, dit-il, les choses dont vous m'avez écrit, il est avantageux à l'homme de ne se point marier... Je voudrais que vous fussiez tous comme moi ; mais chacun a reçu un don particulier, selon qu'il le reçoit de Dieu, celui-ci, d'une manière, et celui-là, de l'autre.

« Quant aux personnes qui ne sont point mariées, ou à celles qui sont veuves, je leur déclare qu'il leur est bon de demeurer en cet état, comme j'y demeure moi-même.

« S'ils sont trop faibles pour garder la continence, qu'ils se marient ; car il vaut mieux se marier que de brûler.

«... Mais que chacun demeure dans l'état où il a été appelé, et qu'il s'y tienne devant Dieu.

« Quant aux vierges, je n'ai point reçu de commandement du Seigneur ; mais voici le conseil que je donne, pour demeurer son fidèle ministre, selon la miséricorde qu'il m'en a faite.

« Je crois donc, à cause des nécessités de la vie présente, qu'il est avantageux à l'homme de ne se point marier.

«... L'homme qui se marie ne pèche pas ; et une vierge qui se marie ne pèche pas non plus. Mais ils devront subir les tribulations de la chair, et je voudrais vous les épargner.

« ... Celui qui n'est point marié s'occupe du soin des choses du Seigneur, et de ce qu'il doit faire pour plaire à Dieu.

« Mais celui qui est marié s'occupe du soin des choses de ce monde, et de ce qu'il doit faire pour plaire à sa femme, et se trouve ainsi partagé.

« De même... une vierge s'occupe des choses du Seigneur, afin d'être sainte de corps et d'esprit; mais celle qui est mariée s'occupe du soin des choses du monde et de ce qu'elle doit faire pour plaire à son mari.

« Je vous dis ceci pour votre avantage, et non pour vous mettre un empêchement, mais pour vous engager à choisir ce qui est plus saint, et vous donner un moyen plus facile de vaquer à Dieu sans obstacle.

« ... Celui, donc, qui n'étant lié par aucune nécessité et se trouvant dans un plein pouvoir de faire ce qu'il veut... juge, en lui-même, qu'il doit conserver sa fille vierge, celui-là fait une bonne œuvre.

« Ainsi, celui qui marie sa fille fait bien, et celui qui ne la marie point fait encore mieux (1). »

Cet enseignement du grand Apôtre, et cette discipline que, comme il le dit lui-même, il établissait dans toutes

____

(1) I Cor., VII.

les Églises, ne tarda pas à porter des fruits. A peine le christianisme s'était-il implanté dans une contrée, toutes les âmes chastes, charmées par la suavité de cette doctrine, se sentaient doucement attirées par l'attrait de la pureté parfaite, et se consacraient à Dieu dans la pratique de la virginité. Il est même probable que, dans ces temps primitifs, la grâce de cette vocation dut être plus commune qu'aux époques où l'Église se reposait de ses sanglants combats, dans la paix et la gloire de ses triomphes; mais il n'en est pas moins vrai, d'une part, que les mêmes lois de perfection n'ont jamais cessé de subsister dans le monde chrétien; et, d'autre part, que si jamais la virginité doit être encouragée et prêchée, c'est aux époques où l'humanité semble tombée dans la fange du vice, et où la sainteté du mariage, presque universellement profanée, a transformé la chasteté du Sacrement social en une école de débauche, et une occasion presque inévitable de dégradation morale, dans le mépris systématique et impudent des lois éternelles de Dieu.

Je sais bien que ces lignes que je trace ne plairont pas à tout le monde, et, sans être prophète, je sais aussi à qui elles ne plairont pas; mon intention n'était pas, d'abord, de les écrire; non dans la crainte de déplaire, — la vérité,

même la plus utile, plait si rarement, hélas! à ceux qui
en ont le plus besoin! — mais parce que je pense rarement à ce sujet sans que, dans mon cœur, je sente l'indignation qui déborde, et je ne crois pas que jamais indignation ait eu de plus légitimes et de plus purs motifs.

Dans notre société moderne, abêtie par le philoso-
phisme du siècle passé, et hongrée par les institutions
sociales du siècle présent, toutes les vérités s'en vont à
la dérive, et toutes les notions de la plus élémentaire
logique sont impitoyablement foulées aux pieds. Que
n'a-t-on pas dit, mon Dieu! que n'a-t-on pas écrit, que
n'a-t-on pas chanté, au sujet de cet abus, qui a pu se
rencontrer peut-être, et que, certes, je n'approuve point,
— quoique je sois profondément convaincu qu'on l'ait
prodigieusement surfait, — je veux parler des vocations
forcées.

Pour une pauvre jeune fille ou deux, qui, dans certaines classes élevées, se sont vues peut-être condamner,
contre leur gré, à subir la vie claustrale; pour quelques
enfants destinés, contre leur attrait, à recevoir la tonsure
et l'habit ecclésiastique, que de cris d'indignation n'ont
pas poussés les *âmes sensibles,* comme les appelait, dans
son langage bouffon, le patois des romanciers et le pa-
thos des romances du temps! Et cependant combien les

plus malheureux de ces martyrs étaient moins à plaindre que la plupart des victimes de la civilisation présente, Pour guérir la société de cette plaie imaginaire, les grands réformateurs de 93 ont tout uniment coupé le cou à ceux auxquels leur vocation était un délicieux Éden; mais s'il fallait aujourd'hui, par le même procédé, faire disparaître le mal épidémique des unions mal assorties, combien de têtes se sentiraient solides sur les épaules qui les portent, à l'heure qu'il est ?

Si c'est un crime, — et j'avoue que c'est un crime, — d'imposer par la violence, même morale, une vocation, fût-elle la plus sainte, à celui auquel Dieu ne la donne pas, de quel nom décorerez-vous ceux qui pèsent sur une âme ignorante des choses de la vie, pour lui faire contracter une de ces unions que l'on ne peut même nommer par son nom dans aucun langage décent? Ici, point de noviciat et point de contrôle, point de vice rédhibitoire qui fasse rompre le marché conclu, point de porte ouverte pour sortir de ce bagne, et quand on parvient à briser sa chaîne, ce ne peut être que pour porter en échange celle, et plus dure et plus lourde, du déshonneur.

Nos moralistes, qui trouvaient si odieux que l'on sacrifiât la liberté d'une créature humaine pour conserver dans une famille l'intégrité d'un patrimoine légitimement transmis, que diront-ils pour excuser l'acte de ceux qui vont jeter, en riant, cette même créature dans certains cloaques, pour refaire cette même fortune qu'ont défaite leurs lois?

La vérité est et demeure dans la parole profonde de saint Paul : « Que chacun vive dans l'état où Dieu l'appelle »; mais au lieu d'exercer, sur les âmes inexpérimentées et novices encore dans la vie, une scandaleuse pression, qu'on les abandonne à cette inspiration divine qui parle à tous ceux qui l'écoutent, et qui souffle où elle veut. N'ayez pas peur que le monde finisse par suite de la prédication et du respect des conseils de l'Évangile. Le nombre des âmes virginales, aimant la chasteté pour la chasteté même, et auxquelles Dieu sait et peut suffire, sera toujours le nombre le plus restreint; mais qu'on n'oublie pas que ces âmes-là sont les sentinelles avancées, gardiennes vigilantes du bonheur et de la vertu des autres, et que plus l'ennemi est nombreux, plus on doit multiplier les troupes saines et fidèles, qui peuvent seules l'empêcher de passer.

Telle est la conséquence pratique qui nous semble ressortir directement de l'enseignement du grand Apôtre, et telle nous paraît avoir été la méthode de l'Église dans tous les temps. Si nous avons cru devoir rappeler ici ces faits et ces principes, ç'a été pour faire mieux comprendre l'influence exercée par saint Martial dans les événements qui nous restent à raconter. Partout où se trouve le sacerdoce catholique dans sa pureté d'origine, se trouve aussi le défenseur de la virginité. Le sacerdoce et la virginité sont la sœur et le frère ; et si, dans ce complot universel contre la chasteté des vierges, Dieu n'avait pas mis dans l'âme de ses apôtres cette sympathie et cet amour, où serait, sur la terre, pour la plus belle des vertus, un dernier asile et une dernière protection ?

Nous ne voulons point nous ingérer dans des questions qui ne sont pas de notre domaine ; mais qu'il nous soit permis de dire que le ministère sacré nous semble avoir reçu de Dieu, aujourd'hui plus que jamais, la fonction de prêcher dans l'Église la doctrine de saint Paul. Sans doute, ce serait une action coupable d'influencer des jeunes âmes, et de les pousser dans une voie où ce n'est pas leur vocation d'entrer ; mais, d'autre part, s'il est vrai, comme on l'a dit, qu'il se rencontre, parmi les ministres du Maître, quelques apôtres du mariage poussant le zèle jusqu'à faire concurrence à M. de Foy, et négociant des unions qu'ils n'ont mission que de bénir j'avoue que si j'avais l'honneur d'être jeune fille, quand même je me sentirais pour les noces la dévotion la plus vive, ce ne serait pas à un semblable traducteur de la pensée divine que je donnerais ma conscience à garder.

Plus la vocation à la virginité est sublime, et, précisément à raison de cette sublimité même, plus il faut apporter de prudence avant de s'y engager sans retour. Il est peu de jeunes filles chrétiennes qui n'aient, pendant une journée, une semaine ou un mois, eu ou cru avoir la vocation de carmélite ou de sœur de charité, et peut-être les deux à la fois, ce qui est une erreur, à coup sûr, innocente, et un doux rêve, dans lequel il n'y a pas grand mal à se laisser un peu bercer.

Ce qu'il y a de fâcheux, c'est de voir l'erreur combattue par la violence extérieure, et le rêve brisé avant d'être fini. Il n'y a pas de plus sûr moyen pour rendre ne illusion tenace, que le moyen de la persécution. Il 'est pas besoin d'avoir beaucoup sondé les replis de 'âme humaine, pour savoir que l'homme s'attache plus fortement aux choses qu'on prétend lui ravir. Combien ne trouve-t-on pas de créatures déclassées dans tous les rangs de la société humaine, et qui ne sont devenues telles que pour avoir subi quelque maladroite pression? Il n'est pas sans exemple que tel être dont on a désiré la possession avec une âpreté tenace devienne un objet de dédain, et quelquefois de dégoût, à peine on en a joui. Si vous arrachez violemment l'affamé à la contemplation d'un mets qu'il convoite, il se révoltera infailliblement contre votre tyrannie : laissez-le donc s'approcher et voir par lui-même que le nectar si désiré brûle les lèvres, et que l'ambroisie est en carton peint.

Plus on abandonne une âme à ses aspirations honnêtes, et plus on lui donne de garanties pour son bonheur à venir. Il y a dans le : *comme vous voudrez,* une sorte de respect pour la liberté humaine, imité de celui dont Dieu même semble vouloir revêtir la dignité qu'il lui donna. Toute coaction est contraire à la nature, et ne doit être employée que pour écarter les mains coupables ou imprudentes de ce qui est absolument mauvais : s'en servir pour éloigner de ce qui est bon, c'est s'exposer fatalement au risque de voir le papillon s'échapper de vos mains et brûler ses ailes à la flamme de la bougie.

Laissez voler l'esprit et le cœur à leurs nobles instincts et laissez-les librement caresser leurs doux songes. Combien n'en est-il pas qui, pour s'être vus brutalement réveillés, cherchent sans cesse à se reprendre aux charmes de leur rêve, et qui, si on les eût laissés songer en paix, se seraient réveillés dans une affection pure et sainte, quoique d'une autre espèce, et se seraient bientôt aperçus d'eux-mêmes que ces prétendues ailes d'aigle à leurs épaules, produit de l'imagination nocturne, n'étaient tout bonnement vêtues qu'avec des plumes de passereau.

Toute humaine nature tend, d'instinct, à monter, parce qu'elle sent que son terme final habite au-dessus d'elle : les âmes, dit l'Esprit-Saint, sont faites pour voler. Il n'est que les âmes avariées par le vice qui cherchent leur pâture dans l'abjection. Mais de ce que toute plante s'élève vers la lumière, il ne s'ensuit pas que la pâquerette puisse atteindre à la hauteur du lis ; de ce que l'oiseau vole, il ne s'ensuit pas que tout oiseau puisse planer sur les nuages ou traverser les mers; mais le mal n'est pas grand de lui laisser un peu essayer ses ailes, ni surtout de les laisser pousser. Le Maître suprême sait bien à quelle espèce il a affaire, et ne permettra jamais qu'une poulette entreprenne un voyage de long cours. Il n'y a que l'enflure qui soit funeste aux âmes, et la grenouille de la fable ne creva que par orgueil.

En général, nous avons le tort de vouloir beaucoup trop substituer, à la sagesse et à la providence divines, les inventions de notre propre prudence et de notre propre sagacité. Nous croyons que le régulateur suprême ne s'acquitterait pas assez bien de ses fonctions sans nous, et nous prétendons prendre sous notre responsabilité la direction de bien des choses qui ne sont pas précisément de notre compétence. Histoire toujours nouvelle de l'aveugle qui en conduit un autre, et qui tombe avec lui dans un même fossé. Mener une âme à Dieu, et puis laisser Dieu faire, tel est le plan qui devrait régler tous nos actes, surtout quand il s'agit des intérêts d'autrui ; voilà quelle est la tâche qui nous est confiée, et c'est celle que nous savons le moins et voulons le moins remplir.

Il n'y a jamais d'inconvénient à ce qu'une âme monte, et si on l'encourage à gravir la montagne, elle s'arrêtera toujours d'elle-même à la zone qui lui convient. Il est un degré de latitude que la graine de l'olivier ne franchit jamais, et la flèche ne dépasse le but qu'elle doit atteindre que lorsque l'arc qui la pousse a été trop tendu.

Laissez donc monter les âmes, puisque tel est leur sublime attrait ; et si elles vous les demandent, ne leur refusez jamais, dans leur ascension, ni vos encouragements ni votre main. Soyez bien assurés qu'elles ne s'élèveront jamais même jusqu'à la pleine hauteur où eles ont droit de prétendre, alourdies qu'elles sont tou-

jours par le fardeau de la chair ; elles s'arrêteront d'elles-
mêmes au-dessous du niveau auquel Dieu les appelle,
quoiqu'elles ne s'arrêtent pas toutes à la même hauteur.
Le plus grand nombre, reculera à l'aspect de la neige
qui couronne la cime de la montagne : le vent qui souffle
en ces régions est, pour elles, intolérable et trop froid.
Elles ont besoin, pour respirer, que quelques exhalaisons
de la terre se mêlent à la pure atmosphère du ciel, et si
vous ne craignez que de les voir gravir les monts au
delà de ce que leurs forces leur permettent, et leurs apti-
tudes le comportent, et leur vocation le demande, laissez-les libres et dormez bien en paix.

Mais, dans le nombre de ces célestes exilées, il en est
qui ne peuvent dresser leur tente ni trouver de repos
qu'au foyer paternel. Et celles-là, si l'on savait, en en-
travant leur marche, l'amertume du calice qu'on les contraint d'engloutir ! L'âme aussi a ses organes et ses
besoins sacrés. Et quand l'une d'elles aspire aux mystères lumineux de la contemplation divine, aux suaves
harmonies des cieux, au chaste contact de l'incréé, à la
source fraîche et pure qui descend du Calvaire, au pain
eucharistique, cette manne du désert, ah ! sait-on quel
trésor de douleur on lui prépare en la forçant de vivre
la pâle et fumeuse clarté des lampes ; dans les cris dis

cordants du monde ; dans les bras grossiers d'une créature mortelle ; de se désaltérer au ruisseau qui coule dans les rues des villes, et de s'asseoir aux terrestres banquets !

Être condamné à demeurer dans l'air impur d'une cité dont l'atmosphère est viciée, quand on aspire, comme le dit saint Ambroise, à monter au-dessus des nuages, et des anges et des cieux, pour y trouver le sein du Père et y respirer à pleins poumons dans le Verbe de Dieu !

Et, de ces âmes, il en existe sur terre, et c'est à Jésus-Christ seul que nous en devons la splendide révélation. Quand je n'aurais pas d'autre preuve de la divine nature du Rédempteur, le seul fait d'avoir révélé la Vierge au monde suffirait à mon cœur pour me prouver qu'il est Dieu. Avoir élevé si haut, en une heure, ce qui pendant quatre mille ans fut une honte ; avoir composé ce cantique nouveau que les vierges seules savent chanter et dont l'incomparable mélodie charme ceux-là mêmes qui ne le chantent pas ; avoir poétisé la Vierge plus encore que la mère ; avoir épousé les âmes dans une union immaculée, en les revêtant du manteau sans tache d'une éternelle virginité, quel autre qu'un Dieu pouvait inventer et accomplir ces prodiges ?

Et ce fut parce que le prodige était accompli, que les

cœurs purs le comprirent. Ils le comprirent et s'envolèrent vers la croix en chantant l'hymne de la délivrance,
l'hymne de la chasteté parfaite, dans la vraie plénitude
de l'amour. Le vent qui brise l'effort de l'oiseau vulgaire
affermit et porte l'aile de l'aiglon. La neige des hautes
cimes qui glace le sang des tièdes rafraîchit délicieusement la poitrine des forts; n'a-t-on pas vu des saints poser des glaçons sur le foyer de leur cœur embrasé,
pour en tempérer les flammes et en apaiser les trop dévorantes ardeurs? Au regard qui a vu Dieu, quelque
haut que l'on monte, il n'est plus d'horizon qui suffise, il n'est plus d'air terrestre qui puisse satisfaire
les poumons qui respirèrent dans sa substance infinie, et
plus d'amours humaines qui sachent remplir un cœur
qui, une fois, l'a aimé.

C'est là, je le répète, ce que le sacerdoce catholique
est appelé à prêcher à la suite du pasteur suprême, à
prêcher et à défendre, sous peine de devenir un traître,
et souvent un bourreau.

C'est là ce qu'ont enseigné tous les Pères de l'Église,
en dépit des oppositions du monde et des résistances de
la chair. C'est là la voie des saints conseils, où les glorieux fondateurs du christianisme ont sans cesse encouragé les fidèles à marcher. Parmi les docteurs des pre-

miers siècles de l'ère chrétienne, il en est peu qui n'aient laissé quelques écrits en l'honneur et pour la défense de la virginité. Saint Ambroise nous fournit même un détail assez curieux, dans son livre des Vierges. Il prêchait assez souvent sur les grandeurs et les avantages de ce magnifique privilége, et comme sa parole persuasive en encourageait un grand nombre à embrasser cette sublime profession, les parents, — il paraît bien que le monde a toujours été aussi stupide, — les parents ne conduisaient plus leurs filles à l'Église, dans la crainte qu'elles ne se laissassent séduire par la parole du grand évêque de Milan. Ce fut ainsi qu'il voulut écrire son admirable traité, afin, dit-il, d'aller trouver chez elles celles qui ne pouvaient plus venir l'entendre chez lui, dans la maison de Dieu.

De nos jours, les parents sont plus avisés qu'au temps de saint Ambroise. Les prédicateurs prêchent peu sur la perfection de la virginité, et les pères et mères, tranquilles sur l'effet des homélies, refusent aux livres de saint Ambroise, dans les bibliothèques de leurs enfants, une hospitalité parfois largement accordée aux œuvres moins pudiques d'autres auteurs que je préfère ne pas nommer ici. Cette prudence paternelle est encore un progrès. Et qui sait si ces pages de mon pauvre livre n'amèneront pas son expulsion et sa mise à l'index, à la suite du scandale qu'elles auront produit, dans quelques familles scrupuleuses? Nous partagerons l'honneur de cette réprobation intelligente avec saint Ambroise, et avec le chapitre VII de la première épître aux Corinthiens, écrite par l'apôtre saint Paul.

Mais, quoi qu'il en soit des vocations de notre temps et des besoins sociaux de l'époque présente, ce que nous affirmons, sans crainte d'être démenti par aucun historien ni contredit par aucun catholique, c'est que l'Église doit sa vie à la virginité. Son chef divin dut être enfanté par une Vierge, et il n'est pas un de ses membres qui n'ait été porté dans le sein de Marie, dans la personne de Jésus-Christ. Et, de même que la perfection virginale qui avait donné l'être à l'Homme-Dieu fut celle aussi qui devait lui conserver la vie et le nourrir; de même, pour l'Église, à tous les âges, mais surtout dans les jours mauvais de la persécution et des idoles, c'est aux vierges chrétiennes qu'est dû le lait spirituel qui la nourrit, comme c'est à elles encore qu'est dû le mystère de sa prodigieuse et chaste fécondité. Elles ont mêlé, sur les arènes, leur sang à celui des apôtres, et, partout, leur a été réservée la gloire de donner à l'Église ses premiers martyrs.

Le catholicisme a donc été planté dans le sang et dans la pureté des vierges, et cette loi universelle ne devait pas souffrir d'exception dans les Gaules, où le dogme et la discipline catholiques étaient si noblement prêchés et établis par le glorieux saint Martial.

A l'époque de sa venue à Limoges, ainsi que nous l'avons dit, vivaient deux femmes, l'une, veuve, et l'autre, fille de l'ancien proconsul ; la première, du nom de Suzanne, et la seconde, du nom de Valérie. Le nom de la mère semble indiquer comme un lien de parenté avec la race celtique, qui s'étendait alors bien au delà de la Loire, et n'était pas comme elle l'est aujourd'hui, resserrée dans les confins de la Bretagne armoricaine. Notre race est, dit-on, sémitique, et n'a rien de commun, depuis a confusion des langues à Babel, avec la race franque, dont la source est au nord : les enfants de Japhet s'étant, comme on le croit, portés du côté du septentrion, et ceux de Sem ayant continué de peupler l'orient et l'Asie. La Bretagne semble être une colonie fondée par une émigration asiatique : le type, le langage, et même le costume du pays, paraissent en garder les traces, comme notre Brizeux l'a chanté :

> Ma race, aux longs cheveux, est fille de l'Asie,
> Et sa langue a gardé la fleur de poésie.

Mais, quoi qu'il en soit de cette communauté d'origine entre saint Martial, Suzanne et Valérie, et les peuples que notre apôtre avait mission d'évangéliser, ce qui est certain, c'est que la première prédication de ce grand évêque à Limoges eut lieu sur la place publique, en face du palais qu'habitaient ces deux femmes prédestinées de Dieu, et qu'elles furent du nombre de ses premiers auditeurs, comme du nombre aussi de ses premières conquêtes.

Jamais le divin semeur n'avait rencontré terrain mieux préparé. Les discours de l'homme de Dieu germèrent promptement dans ces âmes, et quelques jours s'étaient à peine écoulés que, sur le bruit des prodiges opérés par Martial, Suzanne et Valérie désirèrent le voir et s'entretenir avec lui.

Ce n'était pas par un motif de curiosité vulgaire, mais par une impulsion secrète de la grâce, et aussi dans un but de touchante charité, que Suzanne voulut recevoir chez elle l'apôtre d'Aquitaine. Dans sa maison, se trouvait un fou furieux que l'on tenait constamment enchaîné, et auquel, ainsi que sa fille Valérie, elle portait un vif intérêt. L'histoire ne nous apprend point si c'était un ami ou un frère, ou quelqu'autre parent de la famille ; ce qu'elle nous rapporte seulement, c'est que les deux femmes, remplies de confiance, demandèrent au saint évêque la guérison du malade.

« — Si vous croyez, leur dit Martial, vous verrez la gloire du Seigneur.

— Nous croyons, s'écrièrent-elles.

— Qu'on amène cet homme, dit le saint. »

Quand on eut obéi à ses ordres, Martial fit sur le frénétique le signe de la croix. Au même instant ses chaînes se brisèrent, et il recouvra une parfaite santé.

Suzanne, Valérie, leurs parents, leurs amis et leurs serviteurs, témoins de ce miracle, se convertissent aussitôt à la foi chrétienne et se prosternent aux pieds du saint. Suzanne, alors, prenant la parole, lui dit : « Je reconnais que votre Dieu est le maître de toutes choses. Nous vous en supplions, donnez-nous le baptême, afin que nous devenions enfants et serviteurs du Dieu très-haut, lequel me fait la grâce de me laisser voir, en ce moment, une troupe d'anges du ciel qui vous entourent et vous protégent. »

Cette prière était trop sincère et trop pressante pour ne pas être exaucée, et saint Martial, transporté de joie et de reconnaissance envers Dieu, en présence d'une foi si vive, baptisa ces fervents convertis, ainsi que plusieurs assistants, et ne quitta pas cette demeure sanctifiée sans y laisser tous les cœurs, non-seulement purifiés, mais embrasés de zèle pour la diffusion de l'Évangile.

Même pendant qu'elles étaient encore dans les ténèbres involontaires du paganisme, Suzanne et Valérie semblaient déjà prédestinées de Dieu. Les auteurs qui ont écrit leurs vies s'accordent à nous les représenter comme ayant, pour ainsi dire, reçu d'en haut et cultivé toutes les qualités naturelles qui constituent le chrétien. Elles étaient pleines de bienveillance et de compassion pour tout ce qui souffrait autour d'elles, « avaient une âme droite et d'une trempe énergique, cherchaient la vérité avec un grand désir de la connaître, pratiquaient la charité et vivaient avec une parfaite modestie, méprisant et abhorrant les pratiques impures du culte idolâtrique, et réglant leurs actions dans le dessein de plaire à la divinité qu'elles adoraient, quoique sans la connaître encore dans toute sa perfection. »

Saint Martial avait comme élu domicile dans la demeure de ces saintes femmes; c'était de là, principalement, qu'il rayonnait, pour ainsi dire, dans son diocèse, là qu'il prêchait assidûment la divine parole, faisant un grand nombre de prosélytes, et cultivant avec amour cette moisson naissante, qu'il avait semée dans le champ du Seigneur. Tous faisaient les plus consolants progrès dans la voie de l'Évangile, tous commençaient à donner des fruits d'une vraie et grande édification : mais, parmi ces nouveaux convertis, nul ne marchait ni plus droit ni plus vite que la veuve et la fille de Léocade, dont les vertus éclairaient toutes les âmes autour d'elles, et réchauffaient tous les cœurs.

Depuis qu'elles avaient, surtout, reçu le Saint-Esprit, par l'imposition des mains du saint apôtre, ces deux pieuses femmes ne cessaient de jeter l'éclat de toutes les vertus, Valérie, en particulier, par l'or très-précieux de la chasteté parfaite ; mais Suzanne aussi, dans l'état du veuvage, état que les Pères de l'Église comparent au pur argent. Celle-ci, du reste, paraissait être mûre pour le ciel. En effet, soit que sa santé eût été précédemment altérée, soit que Dieu ait voulu lui donner, dès l'abord, la couronne des élus, le fait est que peu de mois ne s'étaient pas écoulés depuis que Limoges avait reçu saint Martial dans ses murs, que Suzanne se sentait frappée du mal qui devait la conduire au tombeau.

Son père spirituel en fut d'ailleurs, tout d'abord, averti par Dieu. Martial voulut faire part à Suzanne, presqu'immédiatement, de cette bonne nouvelle, lui annoncer que le terme de ses travaux était venu, et recommander à ses prières la communauté chrétienne naissante, quand elle serait dans la patrie. La maladie mortelle, qui ne tarda pas à survenir, confirma bientôt la douloureuse et bonne nouvelle que lui avait annoncée notre apôtre. Avertie de sa fin prochaine, Suzanne, plus que jamais, sembla redoubler d'ardeur : elle mit ordre à ses affaires temporelles, fit de grandes largesses, pour aider à la diffusion de l'Église, et subvenir aux besoins des indigents; et, après avoir reçu les sacrements des mourants, des mains de saint Martial lui-même, et donné sa dernière bénédiction à sa fille bien-aimée, elle s'endormit paisiblement dans le Seigneur, et son âme s'envola dans la demeure du repos éternel.

Tous la pleurèrent; ses funérailles furent faites par le saint évêque en personne, et son corps, après avoir été embaumé, suivant la coutume du temps, fut confié à la terre pour y attendre l'heure de la résurrection et de la gloire, dans les ténèbres du tombeau. Suzanne était montée au ciel avec la pureté immaculée qu'elle avait revêtue au jour de son baptême.

Voici comment un auteur ancien raconte ce douloureux événement, dans des termes de la plus exquise simplicité:

« La bienheureuse Suzanne, dame très-noble, et mère de sainte Valérie, que le glorieux saint Martial baptisa, pendant qu'il demeurait dans sa maison avec ses principaux disciples, Suzanne, disons-nous, mourut, remplie de l'Esprit-Saint, de miséricorde et de bonnes œuvres, et accueillie à sa mort par les anges, elle s'en alla, avec eux, dans le ciel. Le saint apôtre enterra son corps dans une chapelle, avec beaucoup de vénération et de saintes larmes. Ses compagnes, avec sa chère Valérie et tout le peuple, lui rendirent ces mêmes devoirs. Chacun la pleurait comme on pleure une mère, car c'était Suzanne qui avait été la cause de leur conversion à tous, en recevant, la première, la grâce du baptême et la parole de Dieu. »

Ce dut être, pour Valérie, une grande douleur en même temps qu'une consolation ineffable. Elle demeurait désormais seule sur la terre, sous la garde des anges et de saint Martial, son père d'adoption, auquel Suzanne l'avait confiée sur son lit de mort.

XIII

MARTYRE DE SAINTE VALÉRIE.

Ainsi que nous l'avons dit plus haut, le séminaire actuel de Limoges est situé sur l'emplacement de l'abbaye *de la Régle,* laquelle avait été bâtie dans la propriété de Radegonde, sainte veuve qui donna cet enclos à saint Martial, pour y fonder une sorte de monastère de femmes, dans lequel la donatrice entra elle-même pour se consacrer au service de Dieu.

Cette maison ne tarda pas à se peupler de pieuses vierges, et Martial n'était pas encore guéri des plaies que lui avait occasionnées la cruelle flagellation qu'il avait subie que, déjà, de ferventes néophytes se présentaient en grand nombre, demandant la faveur d'être admises dans cette maison

Une des plus empressées à solliciter cette grâce fut Valérie, la plus noble conquête de saint Martial, et, peut-être, la plus chère à son cœur.

Suzanne, en mourant, avait confié sa fille chérie aux soins du saint évêque, et celui-ci l'avait adoptée avec le plus paternel amour. Et, en réalité, la douce vierge était digne d'être aimée d'un tel apôtre. Quoique bien jeune encore, elle avait reçu de Dieu une de ces âmes si vastes et si limpides qu'on sentait que la pureté infinie de Dieu était seule digne d'y habiter et seule capable de la remplir.

Elle était fille unique, issue de la race illustre des Manilius, elle avait reçu une éducation brillante, possédait une fortune immense, et devenue maîtresse de ses actes, à peine au sortir de l'enfance, elle était douée de tous les charmes de la jeunesse et, disent ses historiens, d'une ravissante beauté. Fiancée au proconsul, elle avait, jusqu'à l'arrivée de Martial, attendu Silanus, qui devait bientôt revenir de la Grande-Bretagne, où il était allé faire la guerre, sous les ordres et les yeux de l'empereur. Mais, maintenant, elle n'attendait plus rien ; elle avait trouvé Jésus-Christ, le véritable fiancé de son âme, le seul époux digne de son cœur.

Après s'être débarrassée du fardeau et des soins de sa

fortune, qu'elle répandit en entier dans le sein des pauvres, elle se présenta à son vénérable Père, et, prosternée à deux genoux, elle implora de lui, et obtint la grâce de consacrer à Dieu sa virginité pour jamais.

Ce n'était pas pour elle un sacrifice, et ce fut avec une joie et une reconnaissance inexprimables, qu'elle reçut de Martial la permission de suivre la voie de ses chastes désirs. Il l'admit donc au rang des nobles âmes qui avaient brisé les liens du monde, et avaient choisi Jésus-Christ pour époux. La blonde chevelure de la vierge, pareille, disent les annalistes, à des fils de soie couleur d'or, tomba sous les ciseaux sacrés. Elle se revêtit de vêtements grossiers et modestes, et, après avoir promis à Dieu, par un vœu solennel, de n'appartenir jamais qu'à lui seul, et de ne jamais contracter de noces mortelles, elle entra dans la retraite qu'elle avait choisie, comme une petite barque ballottée par la tempête, entre, joyeuse et légère, se reposer au port.

Cette détermination n'était pas sans dangers, et ces dangers n'échappaient ni à Valérie ni à Martial, entre les mains duquel la jeune vierge avait déposé ses promesses ; mais que peut sacrifier l'homme qui vaille le prix d'une âme ? et peut-on même donner le nom de sacrifice à quelque souffrance ou à quelque danger que ce puisse être, quand Dieu l'exige d'un de ses serviteurs en échange du don d'un cœur comme le cœur de Valérie ?

Junius Silanus allait pourtant revenir, et peut-être revenait-il principalement pour hâter son union avec la fille de Suzanne. Une nombreuse et brillante noblesse l'accompagnait au retour, pour assister à ses noces, qui devaient être presque royales, et rendre ainsi la cérémonie nuptiale plus éclatante et plus belle. Le proconsul s'était couvert de gloire pendant la guerre et rentrait à Limoges dans la plénitude de son autorité, dans tout l'épanouissement de son triomphe, et avec la faveur de César. Ce jeune homme joignait aux avantages naturels dont il était doué, le privilége d'appartenir lui-même à la famille impériale, et d'avoir reçu la plus brillante éducation. « Il était, nous disent les auteurs contemporains, très-beau de sa personne et d'un esprit cultivé, rempli d'intelligence et de distinction. Son seul défaut était l'orgueil; mais l'orgueil, alors, était une des vertus païennes, et son impétuosité naturelle était de même une qualité de plus chez un jeune guerrier. Humainement parlant, il était donc parfait, et pouvait passer, à bon droit, pour être digne de prétendre à la main de la noble descendante des Manilius. »

En rentrant à Limoges, Silanus, qui avait appris la

mort de Suzanne, pensait, sans doute, que Valérie aurait, plus que jamais, besoin d'un protecteur, et venait, comme son fiancé, lui apporter son cœur et maintenir sa promesse. Il ne tarda pas à apprendre que, pendant son absence, il s'était, dans la capitale, passé d'étranges événements. La voix publique lui annonça que sa fiancée ne lui était pas restée fidèle, et, à cette nouvelle, une colère étrange lui entra subitement au cœur.

Sans doute l'affection qu'il portait à Valérie était bien pour quelque chose dans ses sentiments nouveaux ; mais, à coup sûr, l'orgueil n'y était pas étranger. Les amours humaines sont ainsi faites. Quand l'homme n'aime pas à la manière de Dieu, il est inhabile à posséder l'amour, et incapable, même, de le comprendre; s'aimer et se rechercher soi-même dans l'objet de ses désirs, voilà tout ce que sait faire la nature; et s'irriter jusqu'à devenir féroce, quand cet objet lui échappe, c'est là tout ce qu'elle connaît pour manifester son prétendu amour. La bête atteint à ce niveau, et l'homme qui enferme son cœur dans la sphère abjecte de l'animalité n'est plus apte qu'à sentir et à manifester les appétits grossiers qui germent dans la partie inférieure et bestiale de l'humaine nature.

Pendant les premiers jours qui suivirent son arrivée à Limoges, Silanus respecta la retraite de Valérie et sa douleur. Mais les informations qu'il reçut de toutes parts ne lui apprirent que trop tôt et trop complétement ce qui s'était passé pendant son absence. Il était arrivé, dans la capitale de la Gaule-Aquitaine, un séducteur habile, puissant par la parole, prédicateur d'une religion nouvelle et apôtre d'un Dieu nouveau. Cet homme avait séduit une grande partie de la population, et même plusieurs flamines, ainsi que quelques-uns des principaux de la ville. Il était devenu une puissance redoutable, avec laquelle il fallait désormais avoir à compter. Il avait brisé les images des dieux de l'empire et bâti des temples au Christ. La cité, pleine de ses œuvres et de son nom, semblait en voie de devenir tout entière chrétienne; et la prédication de l'étranger n'était pas un délit qu'atteignissent les lois. Mais, parmi les conquêtes de Martial, se trouvait la fiancée du proconsul, l'évêque avait séduit le cœur de Valérie. L'enfant sans expérience s'était laissée aller au charme de la nouveauté; et, pour suivre un inconnu séduisant et perfide, elle avait violé ses promesses et osé trahir sa foi. Silanus se voyait abandonné par sa fiancée, et la préférence publique qu'elle donnait sous ses yeux à un autre homme le blessait à la fois dans son orgueil et dans son cœur.

Peu de temps après son retour, il voulut s'assurer par

lui-même de la réalité des faits qui lui avaient été annoncés, et cachant les sentiments amers qui rongeaient son âme, il manda Valérie, afin qu'elle eût à comparaître à la barre de son tribunal. La notoriété de leurs fiançailles avait été trop grande pour qu'il espérât pouvoir tenir la chose secrète, et peut-être comptait-il, en exhibant sa gloire et sa puissance aux yeux de l'humble vierge, la ramener à lui et reconquérir son cœur. Mais ce devait être, sans doute, une espérance vaine. Quand le cygne a pris son vol au-dessus des nuages, il ne regarde plus vers la terre, même pour y voir flotter l'ombre de ses blanches ailes.

Le fiancé de Valérie était de retour depuis quelque temps à Limoges, quand il manda quérir celle qu'il accusait dans son cœur d'avoir violé sa foi. Déjà il avait eu connaissance des événements étranges qui s'étaient passés en son absence, et auxquels il ne pouvait rien comprendre, assurément. Peut-être, de même que la plupart des gens éclairés de cette époque, attachait-il peu d'importance au culte des faux dieux; mais ce à quoi l'homme attache toujours une importance extrême, c'est à ce qui flatte ou blesse sa vanité. Or cette vanité se trouvait profondément atteinte par la conduite de Valérie.

Une jeune fille, à laquelle la loi ne conférait pas le droit de disposer de sa personne, se permettait de le mépriser, lui, le gouverneur de la plus belle province de l'empire romain, et de renoncer au nom illustre du descendant des Césars ! Était-ce folie ? Était-ce une odieuse infidélité ? Dans tous les cas, il voulait le savoir, et toutes les passions en feu produisaient dans cette âme païenne et naturellement violente, les plus terribles orages.

La dernière fois qu'il avait vu Valérie, ç'avait été pour échanger avec elle la promesse de leur union. Alors, quoique modeste et pure, elle lui était apparue dans tout l'éclat de sa beauté ; elle avait dû même rehausser cette beauté par tous les artifices que pouvaient y ajouter le luxe et la parure. C'était ainsi qu'il l'avait vue, et sous cette forme qu'elle se représentait sans cesse à ses souvenirs ; mais, ô combien elle est aujourd'hui changée ! Quand, pour obéir à ses ordres, elle se présente devant lui, elle n'est plus couverte de riches étoffes et toute brillante de pierres précieuses et d'or. Il n'y a plus de pierre précieuse en elle que la vie de Jésus-Christ, enchâssée dans l'or de la charité divine, et revêtue de la pauvreté sacrée, seul vêtement qui plaise à celui qu'elle a choisi pour époux. Sa tête ne porte plus la superfluité mondaine de sa blonde chevelure, et son front candide et pur est caché par un voile noir.

Chose étrange ! elle a violé sa promesse, et sa démarche est plus fière ; elle ne rougit pas après avoir trahi ses serments ! Silanus la contemple quelque temps dans une sorte de stupeur muette ; et, sans savoir pourquoi, il se sent bien petit devant celle qui se tient si humblement debout devant lui.

Rompant enfin le silence, il lui dit d'une voix étranglée par la colère.

— Est-il donc vrai, Valérie, que vous m'ayez enlevé votre foi solennellement promise devant les hommes et les dieux, et que vous fassiez à ma personne, à ma race et à mon nom un affront si sanglant, qui me couvre de honte ? Dois-je croire à ce qui m'a été dit, que vous préfériez la superstition des Juifs et le culte d'un esclave crucifié à nos dieux immortels et à la majesté de la religion romaine ? Oh ! dites-moi que je ne dois pas ajouter foi à de tels crimes, de la part d'une personne qui me fut et qui m'est encore si chère.

— Puissant seigneur, lui répondit Valérie, en levant vers lui son pudique regard, on ne vous a point trompé : je suis maintenant chrétienne, et j'adore Celui que vous blasphémez parce que vous ne le connaissez pas.

Si je vous eusse préféré une autre créature périssable, vous auriez bien le droit d'en être irrité et de vous en montrer jaloux; mais Celui qui a reçu mes serments et auquel j'ai donné mon cœur, c'est Celui auquel vous et moi devons pareillement la vie, comme lui doit l'être tout ce qui existe sur la terre et dans les cieux.

La foi que je vous ai promise, je vous l'ai promise de préférence à tout autre homme mortel; mais je n'ai pu vous la garder au préjudice de celle que je devais d'abord à mon Dieu.

C'est lui dont, maintenant, je suis devenue l'épouse, et duquel rien, ici-bas, ne pourra me séparer désormais. Je ne vous ai donc fait, ô Silanus, aucun outrage, n'ayant donné sur vous aucune préférence à aucun être devant périr; mais laissez-moi maintenant appartenir en paix au Dieu que j'aime, mon créateur et mon époux. Vous pouvez, si bon vous semble, m'ôter la vie; mais rien ne me séparera de la charité de Jésus-Christ, ni n'arrachera de mon cœur ma fidélité et mon amour.

Ces paroles simples et douces étaient inintelligibles à Silanus. Dieu permet ainsi que la sagesse qu'il dépose sur les lèvres de ses saints soit un langage incompréhensible à la surdité de l'humaine prudence. Nous avons peut-être le tort de ménager beaucoup trop la susceptibilité des oreilles païennes, dans le monde qui nous entoure aujourd'hui. Telle n'était pas la pratique des chrétiens des anciens jours. Ils parlaient d'abord, pour être compris de Dieu, et laissaient ensuite à Dieu le soin de faire comprendre leur langage à leurs persécuteurs. Et Jésus-Christ semble lui-même avoir, pour son compte, suivi cette méthode. N'est-ce pas le sang de la victime qui doit donner l'intelligence à ses bourreaux?

Mais Junius Silanus n'avait point encore reçu le don de cette intelligence. Dans les paroles de Valérie, il n'a saisi qu'une chose, c'est la résistance à ses volontés, et la blessure faite à son implacable orgueil. Sa dignité offensée veut une réparation immédiate et sévère. On n'outrage pas en vain la pourpre d'un proconsul. Il a été publiquement dédaigné et repoussé par une jeune fille, après s'être, pour ainsi dire, abaissé devant elle, jusqu'à lui redemander la foi qu'elle lui avait ravie et le cœur qui ne lui appartenait plus. Cet affront public exigeait une vengeance publique, et ne pouvait se laver que dans le sang de celle qui avait osé l'infliger. Les licteurs étaient prêts et l'exécuteur de la sentence était prêt aussi; c'était un nommé Hortarius, familier du proconsul, qui l'aimait tendrement, et qui avait ressenti vivement l'insulte qu'il croyait avoir été adressée à son maître.

La peine capitale avait donc été prononcée. L'éclat humain dont Silanus avait voulu s'entourer pour éblouir ou, peut-être, intimider sa victime, n'avait servi qu'à le montrer lui-même publiquement et plus honteusement vaincu. Valérie pourtant était tellement aimée dans la ville, sa vertu y brillait d'un tel éclat, les souvenirs laissés par son père, la noblesse de son origine, les charmes peut-être aussi de sa personne et sa jeunesse, toutes ces choses inspiraient un tel intérêt au peuple que les amis du proconsul et ses parents commencèrent à solliciter la grâce de l'humble vierge, avec les plus vives instances. Tous répandaient des pleurs, et suppliaient Silanus de lui faire grâce, ou, du moins, de différer son supplice : mais ce fut en vain; il demeura inflexible; et, au milieu d'une foule nombreuse, accourue de tous les quartiers de la ville pour assister à ce spectacle, Hortarius conduisit Valérie, enchaînée et gardée par les licteurs, jusqu'au lieu qui avait été choisi pour lui faire subir son supplice.

Les actes du martyre de notre sainte nous apprennent que ce lieu était situé hors des murs de la ville de Limoges, et qu'elle y parvint, d'un pas assuré, au milieu des sanglots qui éclataient de toutes parts; elle, seule, était ferme et courageuse, souriant à la mort, en regardant le ciel,

Au reste, voici comment s'exprime la relation qui nous est parvenue, et dont notre récit n'atteindrait jamais la noble et touchante simplicité.

« Valérie, sujet de leur sollicitude, marchait avec assurance aux noces de l'Époux céleste. La mort, loin de l'effrayer, lui paraissait comme la fin de ses misères et le commencement de son bonheur. Arrivée au lieu du supplice, elle dit à Hortarius :

« Vous pensez triompher de moi et gagner la faveur du proconsul en m'ôtant la vie. Mais, sachez-le, vous perdrez bientôt l'une et l'autre. Votre glaive ne saurait m'enlever la récompense que Dieu me réserve; et la mort, qui vous frappera cette nuit même, vous privera de celle que vous espérez. Attendez seulement que j'aie envoyé vers le Ciel les derniers sentiments de mon cœur; puis exécutez la volonté de votre maître. »

« La douce victime se mit alors à genoux et dit, en levant les yeux et les mains vers le lieu où étaient son cœur et son amour : « O mon Dieu, je vous remercie de ce que vous me faites digne de donner pour votre gloire une vie qu'il eût fallu bientôt remettre à la nature ! Fortifiez-moi de votre grâce, afin que j'accomplisse mon sacrifice avec une générosité chrétienne. Envoyez-moi vos saintes milices pour me défendre contre les attaques des démons, protégez ce peuple qui vous appartient, ouvrez les yeux aux infidèles, et faites que mon sang devienne une semence féconde pour la félicité éternelle de tous, félicité à laquelle je vous prie de me faire participer moi-même, dans votre beau royaume. Amen. »

« Elle finissait à peine ces paroles, et sa tête roula dans la poussière. »

Pendant que s'accomplissait ce drame sanglant aux portes de la ville, saint Martial recommandait à Dieu le combat et l'âme de son enfant. C'était le soir, selon l'usage des temps apostoliques, que se célébrait le sacrifice adorable de la messe. Le saint évêque offrait au Père céleste le sang de l'Agneau sans tache, et récitait les oraisons et les collectes de la sainte liturgie, au milieu de son peuple prosterné, priant et pleurant à la fois. Pour accomplir les saints mystères, et offrir à Dieu le sacrifice de la première martyre des Gaules, il avait choisi la basilique dédiée par lui à saint Étienne, le premier des martyrs. Le soleil baissait à l'horizon, l'apôtre avait consacré le corps adorable du Sauveur et élevait, dans ses mains vénérables, le calice où le vin allait être converti au sang de Celui qui fait germer les vierges dans la prairie en fleurs de son Église : baigné de pleurs de reconnaissance et d'amour, le saint évêque prononce les paroles redoutables, et, en consacrant le calice de bénédiction, il répand en esprit la céleste rosée sur la tête chérie de son enfant. Oh! on peut être heureux de souffrir. Marie n'avait-elle pas souffert du martyre de son fils au Calvaire? et Martial, en pensant à cette blonde tête qui roulait en ce moment sous le glaive du bourreau, ne devait-il pas aussi et ne pouvait-il pas souffrir? Penché sur le sang de l'adorable Victime, il priait pour que Dieu donnât à sa fille bien-aimée la double couronne de la virginité et du martyre : « Recevez, ô mon Dieu, disait-il, cette âme victorieuse parmi vos vierges! » et la prière du saint, et l'encens divin émané du calice, montaient au ciel, en même temps que le dernier soupir de la vierge bénie.

Tout à coup, hors de la basilique, une clameur immense se fait entendre. La foule qui avait accompagné Valérie au lieu de son supplice avait, au moment de sa mort, laissé échapper un long gémissement d'horreur. Puis, au milieu du silence qui suit, les spectateurs, saisis d'admiration et d'effroi, voient le corps inanimé de Valérie se relever tout à coup, prendre entre ses mains virginales sa tête décolorée, comme pour l'empêcher de subir l'impur contact des mains de son bourreau, et s'achemi-

ner d'un pas ferme vers la porte de la cité. Hortarius
s'enfuit, plein de terreur et de honte ; le peuple s'écarte
avec respect, laisse la sainte passer et la suit. Où va-t-elle?
Ah ! elle va vers la basilique de Saint-Étienne, elle entre
dans le lieu saint, elle gravit les marches de l'autel, elle
s'agenouille de nouveau devant son bien-aimé Père, et
ayant doucement déposé sa tête innocente aux pieds de
saint Martial, qu'elle avait si souvent arrosés de ses
larmes, elle se coucha sur la dalle de marbre, comme
une brebis fidèle, pour reposer encore à l'ombre du sanctuaire, et y dormir son dernier sommeil, dans la paix
du bercail.

Et le sacrifice s'achève ainsi ; le sang de la colombe
montait au ciel avec le sang de l'Agneau, au milieu des
pleurs de la terre et des cantiques des anges.

XIV

LE DUC ÉTIENNE.

Sur la pierre de l'autel où sainte Valérie déposa sa tête virginale, quelques gouttes de son sang laissèrent leurs traces et ces précieux témoignages du miracle, dont il est fait mention dans les actes du martyre de la sainte se voient, dit-on, encore, ainsi que l'empreinte de ses pieds sur la plaque de marbre où elle se tenait debout, quand elle vint, à ceux de saint Martial, déposer son chef sacré. Des habitants de Limoges nous ont affirmé les avoir vues, et dans tous les cas, elles y ont subsisté longtemps, au dire de ses plus anciens historiens.

Quant à Silanus, son cruel fiancé, sa colère et sa haine du nom chrétien n'étaient pas encore apaisées et assouvies. Il rendait responsables de son forfait ceux-là mêmes qui en avaient été les plus douloureuses victimes. D'après l'auteur des actes de sainte Valérie, nous apprenons que le proconsul avait formé le dessein d'éteindre, dans le sang des fidèles, le catholicisme qui naissait à peine, et de faire jeter, entre autres, saint Martial dans les fers, où il comptait le laisser mourir. Il espérait que la mort de Valérie suffirait pour donner, d'ailleurs, un grand et salutaire exemple, intimider le peuple et étouffer ainsi le christianisme naissant.

Quelles ne furent pas sa surprise et sa douleur quand Hortarius, revenant du lieu de l'exécution, où il avait si fidèlement exécuté les ordres de son maître, se présente à lui, tout éperdu, saisi d'un trouble étrange et d'une inexprimable terreur, et lui raconte, pendant, pour ainsi dire, que les événements s'accomplissaient ce qu'il a fait et ce qu'il a vu! C'est-à-dire, Valérie se relevant après avoir été décapitée, et rentrant à Limoges en tenant sa tête dans ses deux mains; et, quel ne fut pas l'effroi de Silanus lui-même, quand son écuyer, au moment où il lui racontait la prédiction de Valérie qui le concernait, lui révélant qu'il mourrait dans la nuit même, confirma cette terrible prophétie en tombant, aussitôt après avoir terminé son récit, frappé de mort par l'Ange du Seigneur, aux pieds mêmes du proconsul.

C'en était trop pour le gouverneur de Limoges. Il aimait sincèrement cet homme, de même qu'il avait tendrement aimé Valérie, et voilà que l'ordre barbare donné le matin avait déjà coûté la vie à ces deux êtres qui lui étaient si chers. A la vue de ce corps inanimé, naguère plein de vie et de dévouement pour sa personne, il se sent saisi de terreur et, bientôt, de repentir. Il ne peut méconnaître la main du Dieu de sa victime qui le frappe; et l'impuissance de ses idoles lui apparaît avec éclat; il cherche à soulager sa douleur par la prière, et la seule espérance qui lui reste est que Martial, cet homme étonnant dont tout le monde lui a parlé, pourra et voudra peut-être lui rendre la paix du cœur en rappelant, par un nouveau prodige, Hortarius à la vie.

Il envoie sur-le-champ quérir notre apôtre, et dès que Martial est arrivé au palais, Silanus lui dit d'une voix entrecoupée par les sanglots : « Homme de Dieu, je confesse mon crime. J'ai péché contre vous et contre Celui que vous prêchez. Mon cœur est plein de repentir et de remords. Le sang innocent répandu par mon ordre crie vengeance contre moi vers le Ciel. Ne me repoussez point; mais, au contraire, intercédez pour moi auprès de votre Dieu, afin qu'il me pardonne et qu'il rende la vie à ce serviteur trop docile aux volontés de ma colère. Si vous rendez Hortarius à la vie, je prends l'engagement de recevoir le baptême que vous donnez, et de faire publiquement profession du christianisme. »

Saint Martial, plein de confiance en Dieu et d'admiration et de reconnaissance, en voyant le martyre de sainte Valérie porter déjà de si beaux fruits, répond à Silanus que tout est possible à Dieu par sa toute-puissance et à l'homme par la prière et la foi.

Dès les premières lueurs de l'aube, notre saint fait assembler tout le peuple de Limoges, et s'adressant plus particulièrement aux fidèles qui étaient déjà autour de lui en grand nombre, il les exhorte à implorer, tous ensemble, la miséricorde de Celui qui est le suprême juge des vivants et des morts; et tous étant prosternés, le saint, à genoux lui-même, s'adresse à Dieu à peu près en ces termes : « Seigneur tout-puissant, Dieu unique en trois personnes, Père, Fils et Saint-Esprit, Verbe divin, qui vous êtes incarné pour délivrer des ténèbres le genre humain que le péché avait perdu, vous qui ne voulez pas la mort du pécheur, mais qui voulez qu'il se convertisse et qu'il vive, nous vous supplions de ressusciter celui qu'a châtié votre justice, afin que ceux qui ne croient pas en vous dans ce peuple reconnaissent votre toute-puissance et l'adorent, et que votre nom soit glorifié par toutes les nations de la terre. *Amen!* »

Puis, s'approchant du défunt, il le prend par la main, et lui commande de se lever au nom de Jésus-Christ; il le demande à Dieu, sans doute, par l'intercession de la glorieuse vierge Valérie, rendant, du haut du ciel, la vie à celui qui la lui avait ôtée. Aussitôt, la mort vaincue rend sa proie, et Hortarius, délivré de l'enfer, se jette aux pieds de Martial à son tour, et lui demande, avec le pardon de son crime, le baptême des chrétiens.

Son exemple est suivi par le proconsul qui veut tenir, lui aussi, immédiatement, sa promesse, et par la plupart des assistants, frappés de crainte, de stupeur et de repentir : tous, prosternés devant Martial, implorent le baptême et la pénitence, pour expier leurs crimes. Le saint évêque ne tarda pas à leur accorder cette grâce, et cette conversion éclatante des principaux citoyens, des officiers de l'armée, et du peuple qui suivit leur exemple, les fit devenir ainsi la première Église d'Aquitaine. Silanus, en recevant le saint baptême, voulut, en changeant de vie, changer aussi de nom, et celui qu'il choisit et porta désormais fut celui qu'avait porté le premier des martyrs du christianisme. Il s'appela dorénavant Étienne, le duc Étienne, nom sous lequel, seulement, il est désigné aujourd'hui, son ancien nom n'étant même pas, ainsi que nous l'avons dit, connu avec une absolue certitude.

Ces grands événements s'étaient accomplis avec une si merveilleuse rapidité, que pendant qu'ils avaient lieu le corps virginal de Valérie était encore demeuré sans sépulture. Or, nous savons que l'usage chrétien, dès les premiers âges de l'Église, et même pendant les persécutions les plus sanglantes, était de rendre des hommages pieux aux restes des défunts et surtout aux reliques des martyrs. Il n'était pas sans exemple que les souverains pontifes eux-mêmes exerçassent, de leurs propres mains, la touchante fonction de donner la sépulture aux morts. L'histoire de l'Église nous apprend que plusieurs papes ont voulu rendre, de la sorte, les derniers devoirs à un grand nombre de chrétiens et de martyrs; et cela, même au péril de leur vie, puisque, montrer alors le moindre respect pour la dépouille mortelle d'un frère en Jésus-Christ était un crime puni de la peine capitale, non par la loi, mais par la violence et le caprice des proconsuls.

La conversion si éclatante de Junius Silanus et des autres ayant donné, dans ces contrées, toute liberté au développement du culte chrétien et à sa manifestation extérieure, il fut possible de faire pour la première martyre des Gaules, ce qui avait été fait par les chrétiens, à Jérusalem, en l'honneur de saint Étienne, ainsi que le raconte l'évangéliste saint Luc. Ce fut saint Martial en personne qui, assisté des ministres de son Église, voulut procéder à la cérémonie sacrée des funérailles.

« Il prit très respectueusement », ainsi que le rapporte l'évêque de Lodève, « il prit, entre ses mains, le chef et le chaste corps de la vierge bénie, les enveloppa de linges blancs et parfumés, les mit dans un cercueil, avec des aromates précieux, et offrit à Dieu, foyer de sainteté, le sacrifice de l'Eucharistie sur le sépulcre de Valérie, où d'abord il érigea une chapelle, et, plus tard, l'église de Saint-Pierre du Sépulcre. »

Ce monument occupait l'emplacement de la maison de Suzanne et de Valérie, chez lesquelles le saint évêque avait reçu l'hospitalité, lors de son entrée dans Limoges, et dont ce temple devait, pour l'édification des fidèles, perpétuer le souvenir.

Plus tard, on fit bâtir une autre église, au lieu où la sainte avait été martyrisée.

Étienne, le nouveau chrétien, et Hortarius, suivaient, en pleurant, le corps de leur victime, comme, en ces temps antiques, il était d'usage que les vaincus suivissent, au jour de son triomphe, le char de leur vainqueur. Mais, cette fois, le doux vainqueur avait voulu associer ses vaincus aux honneurs de son triomphe.

La conversion du proconsul Silanus ou du duc Étienne fut suivie d'un grand nombre d'autres, soit dans le peuple, soit dans la noblesse, soit même dans l'armée romaine, parmi les officiers ou dans les rangs des soldats. Le christianisme a une puissance de diffusion telle, que la guerre et la paix sont pour lui des moyens presque égaux de conquêtes. L'Église cultive et développe, dans le calme et le repos, les germes féconds déposés en son sein par le sang que la persécution y verse. Elle ne craint pas les combats et n'a jamais reculé dans les batailles qu'on lui a livrées ; mais elle ne cherche pas la lutte, et les conquêtes pacifiques sont celles qui plaisent surtout à son cœur.

Étienne, dès qu'il fut entré dans le sein du catholicisme, comprit que son devoir l'obligeait à travailler à la propagation de la foi. Saint Martial n'avait point de collaborateur plus zélé dans l'œuvre d'apôtre qu'il avait acceptée. Partout, les temples des idoles se voyaient transformés en oratoires ou en églises, les images des faux dieux étaient livrées aux flammes par les propres mains de leurs adorateurs désabusés, et les âmes, ces images sacrées du vrai Dieu, étaient régénérées dans le sacrement qui purifie et rend la vie à l'homme déchu. Et ce résultat avait lieu sans secousse et sans violence, par la seule force de la persuasion; mais avec le concours régulier et légitime de celui qui avait en main l'autorité civile et politique.

L'Église catholique n'a jamais persécuté personne, ni souillé de sang étranger une seule de ses victoires; mais elle trouve bon que ceux qui sont investis du pouvoir séculier acceptent son Évangile et se soumettent à ses lois; et, comme elle possède le secret de la sagesse divine, elle ne poursuit point cette utopie, prétendue humanitaire, de poser sur un pied d'égalité sociale, dérisoire et impossible, la vérité qu'elle proclame et l'erreur qu'elle combat. Elle sait très-bien qu'elle a dans les vices et les ténèbres d'irréconciliables ennemis, et elle ne leur tend jamais une main fraternelle. Elle ne s'impose point par la violence et l'oppression ; mais elle prêche volontiers à l'abri des lois humaines qui la mettent elle-même à couvert de l'oppression et de la violence; elle accepte, sans peine, de pareils protecteurs, et ne repousse que les persécuteurs, qu'elle condamne et flétrit sous quelque forme qu'ils se présentent, et quels que soient, d'ailleurs, leur nom et leur habit.

La foi se développait donc rapidement et pacifique-
ment dans l'Aquitaine, et de l'Aquitaine dans les autres
parties de la Gaule, et ainsi que nous aurons bientôt occasion de le montrer, par le zèle et les soins du glorieux
saint Martial. Ce fut au milieu de ce travail d'enfantement prodigieux que vint de Rome un ordre de l'empereur, appelant le duc Étienne dans la capitale du monde,
avec quelques-unes de ses meilleures troupes, pour
y servir, quelque temps, en Italie. Il devait y aller avec
quatre légions, et y demeurer six mois.

Il paraît que, dès lors, un grand nombre de soldats
avaient embrassé le christianisme, et il est naturel de supposer (comme, du reste, l'exemple de la légion thébaine
semble, plus tard, nous en fournir une preuve), que les
chefs chrétiens s'entouraient, autant que possible, de
troupes partageant leur foi. Celles que le duc Étienne
choisit pour les amener dans la péninsule étaient dans ce
cas, ayant été converties et baptisées par saint Martial.

Lorsque le temps de leur séjour fut expiré, et que
l'empereur les eut largement récompensées, avant de
revenir dans les Gaules, le duc Étienne ne voulut pas
quitter Rome sans donner à ses troupes, et sans se
procurer à lui-même, la consolation de voir une dernière fois le prince des Apôtres, et de recevoir sa bé-

nédiction. Saint Pierre, en voyant ces belles troupes si disciplinées et si pleines de respect, à genoux devant lui, se sentit transporté de reconnaissance envers Dieu et s'écria, en levant vers le ciel ses yeux et ses mains vénérables : « Oh ! Seigneur, Dieu de miséricorde, dont la volonté est toute-puissante, je vous rends grâces des biens dont vous avez comblé votre humble serviteur Martial. Soyez toujours son aide, son consolateur dans les tribulations et les angoisses qu'il devra supporter pour l'accomplissement de sa mission et le triomphe de votre vérité sainte ! Multipliez le nombre de ceux qui ont été dociles à sa voix, et répandez sur tous vos inépuisables bénédictions, afin qu'ils reçoivent, selon vos promesses, chacun le prix de leurs œuvres. *Amen.* »

Étienne, après avoir répondu à toutes les questions que lui adressa le pontife suprême, se prosterna de nouveau à ses pieds, et implora de lui l'indulgence et le pardon de ses crimes et, en particulier, du meurtre de sainte Valérie, ainsi que saint Martial le lui avait enjoint ; et saint Pierre, l'ayant béni comme il le désirait, lui accorda son pardon, et l'encouragea à propager la foi chrétienne dans son gouvernement, afin de mériter la couronne de gloire, réservée par Jésus-Christ à ceux qui le servent et qui l'aiment. Le duc offrit au

Père commun les sommes d'or et d'argent qu'il avait re-
çues de l'empereur pour ses services ; mais saint Pierre
les lui rendit en lui enjoignant de les donner à Martial,
son cher fils, pour aider à la propagation de la foi chrétienne dans les Gaules. Ensuite de quoi, ayant pressé
Étienne sur son cœur, et l'ayant béni de nouveau, ainsi
que sa petite armée, les troupes, remplies de consolation
et de zèle, reprirent le chemin d'Aquitaine.

Leur retour à Limoges fut encore signalé par un
prodige opéré par saint Martial. En effet, les légions
s'étant arrêtées près de la ville, sur les bords de la
Vienne, près d'un château nommé Jojeusac, la chaleur,
qui était accablante ce jour-là, engagea plusieurs à se
baigner dans la rivière. L'un d'eux, un jeune homme
nommé Hildebert, fils du comte Arcade de Poitiers, en-
traîné par le courant, disparut non loin d'un lieu du nom
de Garric, et se noya sans qu'il fût possible de lui porter secours, ni même de retrouver son corps. Le père
de l'infortuné jeune homme ainsi qu'un grand nombre
d'assistants coururent à la ville, où se trouvait le saint
évêque, le suppliant de venir à l'endroit où l'accident
était arrivé, et Martial, s'étant laissé toucher par leurs
instances, rendit, par ses prières, la vie à celui qui était
mort.

« Puis », dit saint Aurélien, auteur de la vie de notre saint, « cette grande foule de gens suivit le saint thaumaturge, et vint à la basilique de Saint-Étienne, où saint Martial offrit à Dieu, avec grande mélodie, des prières et le sacrifice de la sainte messe, pour le remercier de la grâce ineffable qu'il venait de lui accorder. »

Dix années s'étaient écoulées depuis que Martial avait quitté Rome, et, dans ces dix années, que de travaux accomplis, que de nations évangélisées, que de conquétes à la foi de Jésus-Christ ! Mais aussi que de fatigues et de peines endurées pour le nom de son divin Maître ! Parmi les afflictions qui étaient le plus sensibles au cœur du saint pasteur, celle qui lui paraissait la plus amère était l'endurcissement d'une grande quantité de païens qui, imbus des préjugés idolâtriques, ne cessaient d'outrager les choses saintes, entraient tumultueusement dans les lieux où préchait Martial, troublant l'assemblée des fidèles par leurs cris, injuriant le saint pontife, et en venant, quelquefois, jusqu'à le frapper d'une manière indigne.

Tant que lui seul dut être la victime de cette lâcheté et de ces insultes, Martial ne songea point à en demander la répression, se contentant d'offrir à Dieu sa douleur et ses prières pour les coupables ; mais le moment étant venu où il devait, momentanément, quitter son cher troupeau et retourner à Rome, pour rendre compte de tout ce qu'il avait fait dans les Gaules, à saint Pierre qui l'y avait envoyé, il voulut, étant dans l'intention de laisser à Aurélien la charge de le remplacer pendant son absence, mettre celui-ci à l'abri de pareilles vexations.

Dans ce dessein, avant de partir pour Rome, il fut trouver le duc Étienne, lui fit part du projet de voyage qu'il allait entreprendre, et le pria de promulguer un édit pour réprimer l'insolence de ces impies, qui portaient le trouble dans toutes les réunions religieuses, et pour engager tous les peuples qui vivaient sous son gouvernement à embrasser la foi de Jésus-Christ. Il profita de cette circonstance pour donner à Étienne, son fils spirituel, sur ce qui regardait sa conduite privée, les plus sages et les plus saints conseils.

Le proconsul accomplit avec fidélité les prescriptions de son père, promulgua l'édit qu'on lui avait demandé, envoya, pour en assurer l'exécution, des officiers et des délégués dans tous les lieux de son obéissance, et, par ses soins et sa docilité à la voix de son évêque, une notable partie de la grande province d'Aquitaine renonça enfin au culte des faux dieux, et se consacra au service de Jésus-Christ.

C'est ainsi que les peuples passent de la barbarie à la civilisation. Quand le pouvoir humain s'incline devant celui qui tient immédiatement de Dieu son existence et son autorité, quand l'État, reconnaissant la divine et légitime suprématie de l'Église, s'abandonne à ses conseils, conforme ses lois aux lois de l'Évangile et comprend que son rôle principal consiste dans la protection de la morale et la défense de la vérité, comme son premier devoir dans l'obéissance à Dieu ; alors, la société marche d'un pas assuré vers la paix et la lumière, et les nations vivent sans crainte et sans trouble, doucement réchauffées, aux rayons du soleil éternel. Mais qu'il est rare que le cœur de ceux qui commandent soit assez humble pour le comprendre et assez grand pour le pratiquer ! La marche ascensionnelle des sociétés n'a jamais eu lieu qu'à l'ombre de l'Église, et en la tenant par la main ; gouvernants et gouvernés ont toujours besoin d'elle, et le genre humain a beau faire le fier et vanter ses progrès prétendus dans les arts, les sciences et l'industrie, pour ce qui concerne sa vie sociale intime il ne sera jamais qu'un enfant et n'arrivera jamais à l'âge de la majorité.

L'orgueil, qui dévore nos États modernes, dérobe ces vérités à la vue troublée des puissants du jour ; ils se

croient grands et forts parce qu'ils ont brisé la lisière
qui les retenait sur la droite voie, bordée de précipices,
où ils posent leurs pas incertains. Ils ont dit à l'Église
qu'ils n'avaient plus besoin d'elle, et ont poussé l'imbécillité et l'audace jusqu'à prétendre la gouverner à son
tour. Les leçons de l'expérience ne leur ont point profité.
Les siècles passent, les révolutions passent, les dynasties
s'éteignent dans la honte, les peuples disparaissent dans
la boue et le sang, et rien ne guérit le monde moderne
tombé en décomposition et pourrissant dans la décré-
pitude de son orgueil. Pauvre monde! si vaniteux et si peu
fier; abandonnant son père et sa mère pour suivre, alter-
nativement, je ne sais, et il ne sait, quels souverains de
théâtre, ou quels bohémiens couronnés. Ce n'est pas l'expérience qui lui manque; mais c'est le bon sens qui lui fait
défaut. Si nous vivons encore, ce n'est pas des fruits
de notre propre récolte; mais c'est uniquement des restes
du passé. Saint Martial et le duc Étienne ont plus fait
pour le monde moderne que tous nos émancipés d'aujour-
d'hui, et il reste, sur la terre de Gaule, après dix-huit
siècles, plus de la moisson qu'ils ont semée, qu'il ne restera, dans dix ans, des travaux de tous les législateurs du
siècle et des penseurs d'aujourd'hui.

Et quand, des antiques semailles de la sagesse primitive,

il ne restera plus rien, quand le grand principe de l'union de l'État et de l'Église aura disparu de la surface de l'Europe, alors, les nations, que ce principe avait formées et amenées de la barbarie à la civilisation, pourront, en regardant en arrière, et en voyant le chemin qu'elles auront parcouru, connaître, par une amère expérience, la voie qui ramène les peuples de la civilisation à la barbarie.

Saint Martial, en partant pour Rome, emmena avec lu Alpinien et Austriclinien, ses fidèles compagnons, et laissa, comme nous l'avons dit, à Aurélien le soin de veiller, pendant son absence, au soin de son diocèse, et de cultiver ce qu'il avait semé dans le champ du Seigneur.

Saint Pierre qui avait autrefois, avant leur séparation, prédit à Martial qu'il le reverrait avant de mourir, ayant été, dit-on, averti par révélation de sa venue, le reçut avec les démonstrations et les sentiments de la plus vive et de la plus paternelle tendresse. Il écouta le récit de la mission du saint évêque, lui donna de salutaires avis pour l'aider à perfectionner et à compléter l'œuvre sainte dont il avait été chargé, lui raconta, de son côté, les progrès que commençait à faire, dans l'univers entier, la prédication de l'Évangile ; et, sans doute, avant de se séparer de son enfant d'adoption, il lui annonça encore que son martyre était proche, et que désormais, cette fois, ils ne se retrouveraient plus qu'au Ciel.

La loi qui oblige les évêques à se rendre, de temps en temps, à Rome, pour y porter au Saint-Siége la relation de ce qui se passe dans leurs diocèses, est, comme on le voit, fondée sur l'usage le plus respectable et le plus ancien. Ce doit être, en effet, d'une incontestable utilité pour l'Église, que, soit le pape, soit l'évêque, se trouvent souvent en relation ensemble, afin de pouvoir, l'un, connaître mieux les besoins de la chrétienté et y subvenir, et l'autre, puiser les règles dont il a besoin pour garder dans sa conduite le principe de l'obéissance, et maintenir dans son diocèse cette unité admirable, qui constitue la force et la beauté principale de la maison de Dieu.

Les glorieux fondateurs du christianisme aimaient à se réunir ainsi et à se consulter entre eux. Saint Paul, lui-même, quoiqu'il eût reçu de Dieu la mission toute spéciale d'évangéliser les nations, revenait de temps en temps auprès des autres apôtres, et, en particulier, près de saint Pierre, pour raconter les prodiges que le Maître avait opérés par ses mains, et s'entendre avec ses frères en apostolat, sur les points de discipline générale, qu'il convenait de modifier ou d'établir ; car, s'il y a, dans l'Église, des règles de foi immuables et certaines, qui ne peuvent subir aucune modification, il est aussi des pratiques d'une importance très-réelle, quoique secondaire, qui doivent être subordonnées aux circonstances de temps et de lieux; mais qui n'en doivent pas moins, toutes, être soumises à la décision autoritaire du pasteur suprême. L'oubli de cette règle a causé plus d'une fois, dans l'Église, de grands maux.

Mais si les anciens prédicateurs de l'Évangile connaissaient la route qui conduit vers le pouvoir central, ils n'éternisaient pas leur séjour à son ombre, et reprenaient, dès que cela leur était possible, le chemin de leurs chères et rudes missions. Il n'y avait point, alors, d'évêques ni d'abbés de cour, et l'Église ne s'en portait pas plus mal. Quelque saine que puisse être l'atmosphère que l'on respire autour de l'autorité, même la plus ecclésiastique, il semble qu'on se trouve rarement bien d'y trop prolonger inutilement son séjour.

C'eût été, assurément, une douce consolation pour Martial, de se reposer de ses travaux auprès du prince des Apôtres, et de l'assister dans son dernier combat; mais la voix de l'Esprit-Saint le rappelait en Aquitaine, et il en reprit bientôt le chemin, secouant toutes les considérations de sensibilité et d'affections humaines, de même, disent des auteurs de sa vie, que le lion secoue les gouttes de rosée qui sont suspendues à sa crinière, à l'heure de son réveil.

Martial, à son retour à Limoges, trouva les choses dans un meilleur état qu'il ne les avait laissées. Le duc Étienne, qui, dans les premiers temps de sa conversion, avait conçu je ne sais quel soupçon fâcheux sur la cause des prodiges qu'opérait le saint évêque, depuis que cette épine avait été arrachée de son esprit par la main même de saint Martial, s'était résolûment adonné à la pratique de toutes les vertus. Il vivait pauvre dans les richesses, et les indigents le regardaient comme un père : il se privait de tout pour nourrir ceux qui étaient dans le besoin, et accomplissait ses actes de piété en cherchant à en dissimuler l'éclat. Il était animé d'un zèle et d'un esprit vraiment apostoliques ; et c'était, comme l'attestent les historiens, un composé de toutes les vertus.

Il n'était donc point étonnant que saint Martial eût pour lui une tendresse particulière, et le considérât comme un véritable fils ; aussi, la nouvelle de la mort prochaine du proconsul dut être infiniment sensible au cœur de son père adoptif.

Ce fut, en effet, peu de temps après le retour de saint Martial que le duc fut atteint de la maladie qui devait le conduire au tombeau. Il s'y résigna saintement, se prépara chrétiennement à la mort, assisté par le grand évêque qui, en versant d'abondantes larmes, lui administra les derniers sacrements, et reçut l'âme du mourant à son suprême passage. Étienne avait demandé et obtenu du saint une grâce qui avait grandement adouci la douceur de la séparation : c'était que ses restes mortels reposassent dans le même sépulcre, près des corps de Martial et de sainte Valérie : et ce fut là, en effet, qu'ils furent placés, et où ses précieuses reliques furent honorées comme celles des saints.

Un grand nombre de pauvres suivit son deuil, et accompagna ses obsèques avec des gémissements et des prières. Ses funérailles furent célébrées par Martial lui-même, avec une grande pompe. Le saint sacrifice de la messe fut offert en présence du corps, et les autres cérémonies sacrées furent accomplies telles que les apôtres en avaient ordonné. Ses restes furent renfermés dans un cercueil en plomb et déposés dans un grand tombeau creusé dans le roc vif, à l'endroit où l'attendait le corps virginal de Valérie, et où celui de saint Martial devait le rejoindre bientôt.

Cette mort précieuse devant le Seigneur eut lieu le 4 des calendes de juin, la cinquième année du pontificat de saint Lin, et l'an 74 depuis la venue de Notre-Seigneur Jésus-Christ, troisième du règne de l'empereur Vespasien.

XV

SAINT AMADOUR.

Il semble qu'il y ait un charme particulier à retrouver, dans l'histoire, les traces de quelques-uns des personnages qui jouèrent un rôle dans la vie de Notre-Seigneur Jésus-Christ; surtout quand ce rôle offre un intérêt touchant et spécial, et quand ceux qui en furent les héros ont été, dans l'Église, décorés du nimbe de la sainteté. Parmi ces derniers, aucun chrétien n'a oublié Zachée, le riche publicain de Jéricho, qui, lorsque le Sauveur passait dans cette ville, désirant le voir et ne pouvant y parvenir à cause de la petitesse de sa taille, et de la grande foule qui entourait de toutes parts et pressait le divin Maître, courut en avant, et monta sur un sycomore, qui s'élevait au bord du chemin par où devait passer le cortége, afin de satisfaire de la sorte sa pieuse curiosité. Jésus, quand il arriva près de lui, s'arrêta, regarda le pauvre homme avec une tendresse ineffable, et lui annonça qu'il avait choisi sa demeure pour y faire quelque séjour. Zachée descendit en toute hâte, et se rendit à sa maison pour y recevoir le Sauveur, ensuite de quoi il voulut donner aux pauvres une partie de sa fortune, qui était considérable, et réparer avec usure tous les dommages qu'il avait pu causer. Ce fut ainsi que le salut entra dans cette maison sanctifiée, et qu'en souvenir du choix qu'en avait fait l'Homme-Dieu, l'Église la prit pour une sorte de type, et appliqua cette histoire et ce souvenir à la cérémonie de la consécration de ses temples.

Le même Évangile nous rapporte encore ailleurs que de saintes femmes suivaient en pleurant le divin Rédempteur, sur la voie sanglante du Calvaire; mais ce qu'il ne nous raconte pas nous est quelquefois parvenu par la voie de pieuses traditions, et nous avons appris, de cette sorte, que parmi celles qui attendaient ainsi le Sauveur sur la voie du sacrifice, il s'en trouvait une qui osa percer la foule des bourreaux, et essuyer la face profanée de la divine Victime, avec un voile sur lequel les traits du Sauveur demeurèrent miraculeusement empreints. Ce voile se conserve encore dans la basilique de Saint-Pierre, à Rome, ainsi que nous l'avons dit ailleurs.

Cette femme, selon plusieurs auteurs, s'appelait, dit-on, Irène ; mais son action courageuse et le prodige qui en fut le résultat et la récompense lui méritèrent d'être, pour ainsi dire, renommée par la voix du peuple chrétien, et, aujourd'hui, elle est partout désignée et connue sous le nom de Véronique.

Sainte Véronique était la femme de Zachée, et ce dernier reçut, de son côté, le nom de saint Amadour, ou Amateur, pour la raison que nous indiquerons plus tard, et c'est sous ce nom qu'il est lui-même aujourd'hui vénéré.

A partir du moment de leur conversion et de l'appel du Maître, Zachée et Véronique s'étaient attachés aux pas du Sauveur, et le suivirent jusqu'à l'heure de son Ascension glorieuse.

Lors de la persécution suscitée contre l'Église naissante, par Saul, les princes des prêtres et les pharisiens, les deux époux furent jetés dans les fers et condamnés à mourir ; mais l'Ange du Seigneur les ayant délivrés, ils quittèrent Jérusalem et demeurèrent cachés pendant tout le temps que dura la tourmente. Quand l'orage eut passé, après la conversion du grand apôtre, ils reprenaient de nouveau la route de la Ville sainte, lorsque la Vierge Marie leur apparut, dit-on, et leur commanda de se retirer dans les Gaules.

Ils obéirent avec promptitude, et s'étant dirigés vers le port le plus voisin, ils montèrent sur un navire qui faisait voile pour les côtes d'Aquitaine, où ils arrivèrent après une courte et heureuse navigation. Voici comment s'exprime à ce sujet le légendaire de Roc-Amadour : « Étant entrés en pleine mer, ils furent portés au lieu nommé Pas-de-Grave, où ils s'arrêtèrent, pour plaire au Seigneur, servir sans réserve Jésus-Christ et procurer sa gloire. Ayant l'œil à l'œuvre de Dieu et travaillant à son service, ils construisirent, au lieu de leur venue, une petite maisonnette assez grossièrement bâtie, où ils s'enfermèrent, menant une vie d'anachorètes ; et où ils furent l'exemple et l'édification du pays. »

Ils devinrent ainsi les préparateurs de la mission de saint Martial, dans la Saintonge et l'Angoumois. Quand le saint évêque vint prêcher le catholicisme à Mortagne, il y trouva des cœurs bien disposés à recevoir la semence de la sainte parole. Et Amadour et Véronique, ayant, de leur côté, entendu parler de sa venue et de sa prédication, allèrent le trouver dans cette ville, et se mettre sous sa direction. Ils le prièrent de venir dans leur petit ermitage, au lieu nommé Soulac, pour le bénir, et y consacrer une chapelle qu'ils y avaient bâtie, et qui était érigée en l'honneur de Marie, la Vierge mère.

Ce fut pareillement lors de son premier voyage dans ces contrées que Martial, passant par Angoulême, fut visité par deux autres saints et nobles époux, Albin et Eugénie, qui avaient été convertis à la foi chrétienne par Zachée et Véronique, et que notre apôtre baptisa, ainsi que leurs enfants Ausonne et Aptone, admis l'un et l'autre, au nombre de ses disciples. L'un d'eux, Aptone, reçut plus tard le sacerdoce; l'autre, Ausonne, fut élevé à la dignité épiscopale, et devint le premier évêque d'Angoulême, où tous les deux brillèrent par les plus éclatantes vertus.

C'était, pour ces saintes âmes, une douce consolation de s'entrevisiter ainsi et de s'entretenir de Jésus, dans des conversations enflammées, pleines de leurs mutuels et touchants souvenirs. Aussi Martial aimait-il, lorsqu'il passait dans ces contrées, à s'arrêter quelques jours dans la demeure de ses amis, pour réchauffer son âme et y reposer son cœur. A l'un de ses voyages, la foi chrétienne ayant déjà fait dans les Gaules d'immenses progrès, notre apôtre, dans une de ses visites à la petite habitation de

Soulac, pria Zachée de vouloir bien faire le voyage de Rome, soit pour rendre compte de l'état de l'Église d'Aquitaine au prince des Apôtres, soit pour le consulter au sujet de quelques points de discipline, soit pour rapporter quelques saintes reliques, qui devaient être données aux églises nouvelles déjà fondées, et à celles qui le seraient plus tard.

Zachée partit donc pour Rome et y fit un séjour de deux ans, pendant lesquels il assista saint Pierre, prêchant lui-même la parole de Dieu avec grand zèle et grand succès, et racontant les prodiges que la grâce divine avait opérés dans le pays des Gaules.

La persécution de Néron ayant commencé à sévir, saint Pierre fut incarcéré, ainsi que saint Paul, et, avec eux, un grand nombre de prêtres et de fidèles. Zachée, pendant les neuf mois que dura la captivité des deux apôtres, s'employa de tout son pouvoir pour les servir dans leur prison, et ne les quitta plus jusqu'au moment où il eut assisté à la crucifixion de saint Pierre sur le mont Janicule, et à la décollation du Docteur des nations sur la route d'Ostie.

Ayant vu s'éteindre sur la terre ces deux grands flambeaux de la foi, il reprit le chemin des Gaules, l'âme remplie de douleur, mais aussi de confiance et d'amour, et vint, auprès de Martial, répandre de douces larmes, raconter les événements dont il avait été témoin, et remettre les reliques sacrées que lui avait données saint Pierre, ou que lui-même s'était procurées pendant son séjour dans la capitale du monde chrétien. Ces précieux restes étaient, entre autres, un vêtement de la sainte Vierge, du sang de saint Étienne, le premier martyr, une image de Marie, peinte par saint Luc, un des clous qui avaient servi à crucifier saint Pierre, et la ceinture du prince des Apôtres dont le Seigneur avait parlé dans l'Évangile en disant : « Pierre, quand tu seras devenu vieux, un autre te ceindra et te mènera où tu ne veux pas aller. »

Peu de temps après le retour de son mari, sainte Véronique mourut, pleine d'années et de mérites, dans l'humble retraite de Soulac. Amadour lui rendit les derniers devoirs, et bâtit dans le pays deux monastères de religieux, l'un à Soulac même, en l'honneur de la Vierge Marie, et l'autre, non loin de là, sous le vocable de saint Pierre, apôtre. Il établit, dans ces deux maisons, des personnes instruites des maximes de la perfection évangélique et ornées de grandes vertus ; après quoi, ayant quelque temps encore édifié la contrée par l'exemple de ses vertus, et la prédication de la parole du salut, il se résolut à aller au loin chercher une solitude plus conforme à ses goûts et aux besoins de son cœur, pour y terminer ses jours.

Le lieu qu'il choisit était situé dans le Querci, à sept ou huit lieues de la ville de Cahors, et dans une vallée que l'on nommait la vallée *ténébreuse*, à cause de son aspect sauvage et désolé. C'est une constante tradition du pays que cette vallée, avant la venue de Zachée, était remplie de bêtes sauvages et dangereuses, qui avaient établi leurs repaires dans les forêts profondes et presque impénétrables dont elle était ombragée, et que ces animaux malfaisants disparurent, comme par un prodige, dès que le pieux serviteur de Dieu y eut établi son domicile. Les habitants des contrées voisines vinrent trouver Amadour, pour lui rendre grâces d'un si grand bienfait ; mais le saint leur fit comprendre qu'ils ne le devaient qu'à Dieu, dont il prit de là occasion de leur prêcher la venue, la vie et la doctrine.

Ce fut là encore comme une porte ouverte à la prédication de l'Évangile qu'y devait faire saint Martial, dont Zachée avait été le précurseur. Aussi le saint évêque, prévenu par son ami, ne tarda pas à venir annoncer la bonne nouvelle dans le Querci, et à visiter le pieux ermite dans sa solitude. Il y vint même, une fois, avec saint

Saturnin, évêque de Toulouse, qui désirait voir Zachée, et ils passèrent quelques jours avec lui, conférant tous les trois ensemble, dans une grande joie spirituelle, des grandeurs de Dieu, de la vie de Jésus, et des vertus de la très-sainte Vierge Marie.

Ce fut cette grande dévotion à la divine Mère du Sauveur qui porta Zachée à demander à saint Martial de bâtir et de consacrer un oratoire et un autel à l'entrée de sa grotte, en dédiant cette chapelle à la Reine des Anges. Saint Martial y consentit avec joie, et dans ce sanctuaire béni, Amadour plaça le portrait de Marie, que lui avait donné saint Pierre, lors de son dernier voyage à Rome, et qui avait été peint par saint Luc.

L'habitation d'Amadour est ainsi décrite par un ancien auteur : « Cependant, Zachée, qui est le même qu'Amadour, et qui, comme nous l'avons dit, était disciple de saint Martial, cherchant une solitude conforme à ses désirs, dans le territoire de Cahors, la trouva dans une solitude affreuse, cachée par de grands arbres, et hérissée de rochers très-élevés du côté du midi et du septentrion. Il choisit, pour en faire sa demeure, le milieu du roc, où s'ouvrait comme une grotte naturelle, formée par la partie supérieure de la montagne qui surplombait la base, et qui semblait convenir à une bête fauve pour y faire sa tanière, plutôt qu'à un homme pour y habiter. »

Cela n'empêche point saint Amadour d'y recevoir de nombreuses visites ; et, même, le nombre des pèlerins afflua bientôt tellement en ces lieux que, peu de temps après, notre ermite se vit comme contraint de bâtir là un monastère, pour loger ceux des nouveaux convertis qui se sentaient appelés à la vie anachorétique, et, encore, les pèlerins qui, déjà, se rendaient en foule pour prier la Vierge bénie dans un de ses sanctuaires les plus vénérables, et contempler ses traits remplis de majesté et de douceur, sur l'image qu'avait tracée d'elle la main d'un apôtre de Jésus-Christ.

Ce fut en ce lieu que Zachée ou Amadour rendit paisiblement son âme à Dieu, quelques années après la mort de l'apôtre saint Pierre. Voici comment nous trouvons cet événement raconté dans son office : « Le bienheureux saint Amadour, y est-il dit, faisait, chaque jour, de nouveaux progrès dans les vertus ; il était rempli de piété et de miséricorde, zélé et fécond dans la prédication de l'Évangile ; il consolait les affligés, construisait des églises, pratiquait le jeûne et l'abstinence, était chaste, sobre et parfait en toutes sortes de bonnes œuvres. Ayant appris, par une révélation de l'Esprit-Saint, que sa fin était prochaine, il se fit porter dans l'oratoire de la sainte Vierge. Là, il reçut les sacrements de l'Église, exhorta ses frères en religion à conserver entre eux la charité et à demeurer fidèles à leur vocation sainte; puis il s'éteignit doucement dans leurs bras, les yeux fixés sur l'image maternelle de Notre-Dame, et répétant amoureusement le salut que l'Ange lui avait naguère adressé. »

Ses dernières paroles furent : Je vous salue, Marie, *Ave, Maria.*

Le lieu de sa mort fut aussi celui de sa sépulture. On plaça ses restes vénérés à l'entrée de la chapelle de Notre-Dame, sans doute pour se conformer à son humble désir ; et, comme il arrivait souvent en ces temps troublés, on eut soin de laisser planer, sur l'endroit précis où reposait son corps, comme une sorte de mystère ; ce ne fut que plus tard, un habitant du pays ayant voulu être enterré à la même place, quand on creusa la terre pour y déposer le cercueil, qu'on y retrouva celui de Zachée, et, dans ce cercueil, le corps du saint parfaitement conservé.

Il fut alors, avec grand respect, enlevé et transporté dans l'église, près de l'autel, et, de nombreux miracles s'étant opérés à cette occasion, le pèlerinage de Notre-

Dame de Roc-Amadour devint, dès lors, de plus en plus célèbre.

Cette célébrité subsista jusqu'au seizième siècle, où les huguenots envahirent le sanctuaire de Roc-Amadour et le détruisirent par le feu, ainsi que toutes les reliques qui y étaient pieusement conservées, et, en particulier, le corps de notre saint. Le martyrologe gallican raconte cette profanation en ces termes :

« Au territoire de Cahors est célébrée la fête de saint Amadour ou Amateur, disciple de saint Martial. Il fu docteur de l'Évangile, car il enseigna la foi aux peuples du Querci. Illustre par la sainteté de sa vie, il s'endormit dans le Seigneur. Son corps fut conservé en chair et en os, dans un état d'intégrité merveilleuse, par la vertu divine. Les calvinistes, ennemis de Dieu et des saints, le jetèrent dans les flammes, afin de le consumer; mais n'ayant pu en venir à bout, et voyant que, par un nouveau prodige, le feu paraissait respecter ce saint corps, ils le mirent en pièces avec une infernale barbarie. »

Nous ne savons pas en quel état se trouve aujourd'hui le pèlerinage de Notre-Dame de Roc-Amadour; mais nous ne pouvons nous empêcher de désirer que la piété des fidèles rende à ce glorieux sanctuaire sa célébrité et ses antiques splendeurs. Nous ne sommes point ennemis des dévotions nouvelles, ni des pèlerinages nouveaux ; mais rien ne vaut à nos yeux ce mystérieux parfum que les siècles ont laissé dans les monuments des anciens âges, et nous estimons peu la foi des peuples qui, pour fonder et propager une dévotion nouvelle, laissent périr, dans le dédain et l'oubli, les plus anciennes et les plus respectables traditions. Un peuple qui méprise son passé n'a rien à espérer de l'avenir, et c'est une des marques auxquelles on reconnaît la divinité du christianisme, que ce respect divin dont il entoure les souvenirs sacrés que lui ont légués ses pères, les reliques de ses saints et les plus modestes débris des jours qui ne sont plus. La foi catholique est une chaîne qui n'a besoin de voiler aucun de ses anneaux, et c'est aussi la seule chaîne dont le premier chaînon soit passé au doigt de Dieu.

Et, qu'il nous soit permis de le dire en terminant cet épisode de notre étude, ce n'est jamais sans une sorte de serrement de cœur que nous lisons, à chaque page, dans l'histoire, le récit des profanations stupidement sacriléges, commises par les huguenots ou autres, à l'époque des guerres de religion, en France et ailleurs. L'Église catholique seule est essentiellement conservatrice, parce qu'elle seule sait n'avoir rien à redouter ni du passé ni de l'avenir. Toutes les sectes ont le génie de la destruction et de la destruction bête, parce qu'elles ne sont rien que des négations du vrai, et que tout ce qui est quelque chose leur fait peur. Le monde a beau marcher, l'erreur suit toujours la même ornière. On parle assez, aujourd'hui, du respect pour la vie humaine et pour les monuments de l'antiquité ; mais les révolutionnaires modernes s'entendent tout aussi bien que les révolutionnaires de jadis à pendre ou à fusiller des otages, et à exercer le métier de pétroleurs.

Une vie d'homme est assurément plus précieuse que l'objet le plus respectable et la plus sainte relique ; mais il semble qu'il y ait dans la destruction de ces souvenirs du passé quelque chose de lâche et d'inepte qui leur imprime un caractère particulièrement odieux. On comprend, jusqu'à un certain point, l'acte de colère qui pousse à tuer tout ce qui fait obstacle à quelque mauvaise passion du cœur ; mais il n'est qu'une nature profondément dégradée qui s'en prenne froidement aux cendres des morts.

C'est, déjà, avec un regret légitime que l'on subit la perte d'un monument profane et presque moderne qui n'offre qu'un intérêt de curiosité médiocre, et seulement

pour l'esprit, au point de vue de l'histoire et de l'art;
mais quand on pense à tout ce que ces misérables sauvages ont exécuté pour le seul plaisir de détruire, et
poussés par l'unique volupté du mal, on sent je ne sais
quelle colère monter au cœur, et on comprend, sans les
excuser tout à fait, certaines représailles, trop sévères
peut-être, mais justes, infligées aux coupables par l'indignation légitime des peuples.

Qu'avaient fait, je vous le demande, à ces brutaux ico-
noclastes du seizième siècle, et le portrait de la Vierge
Marie, et le corps de Zachée, le contemporain et l'ami de
Jésus-Christ? Ne serait-ce pas pour nous une douce joie
de pouvoir révérer aujourd'hui cette image sortie du
pinceau d'un apôtre, et contempler les traits d'un
homme qui joua un rôle si important dans la vie du divin Réformateur de l'humanité? Eh bien! non Il a
fallu que ces misérables passassent par là, et réduisissent
en cendres, en une heure, ce qu'avaient respecté les
hômmes et les siècles! La révolution ne sait produire
que des ruines, et malheur aux peuples qui lui donnent
une funeste hospitalité!

La France, cette grande maîtresse du monde dans l'art
des bouleversements, a donné aux autres nations des
exemples terribles, mais qui pourraient leur être utiles,

si l'homme de parti voulait se donner la peine de réfléchir. Il est, sans doute, fort triste de regarder les débris
encore fumants des Tuileries et du Louvre ; mais laissez
les incendiaires passer de l'autre côté des Alpes et attendez un peu : quand ils auront fait de la royauté subal-
pine ce qu'ils firent de l'empire de Napoléon III, ils n'at-
tendront pas longtemps avant de s'en prendre aux
choses saintes, et, fidèles aux traditions de leurs devan-
ciers, ils iront gratter la terre et déchiqueter le corps de
sainte Cécile, la vierge romaine, avec leurs griffes impures, comme leurs ancêtres firent de celui de Zachée,
et, de même qu'à Roc-Amadour et à Paris, les commu-
nards de Rome ne tarderont pas à faire sauter Saint-
Pierre, et à flamber au pétrole le palais du Vatican.

XVI

APOSTOLAT DE SAINT MARTIAL.

Il nous est arrivé plusieurs fois, dans le cours de cette étude, de donner à notre saint le titre d'apôtre, parce que tout le monde sait que si le nom d'apôtre, pris d'une manière absolue, ne peut convenir qu'à ceux qui furent appelés à cette fonction par la voix même de Jésus-Christ, l'usage permet de le donner encore à d'autres saints qui, par un zèle exceptionnel, exercèrent dans telle ou telle contrée comme une sorte d'apostolat. C'est dans ce sens, seulement, que saint François de Sales est uvent appelé l'apôtre du Chablais; saint François Xavier, l'apôtre des Indes; saint Philippe Néri, l'apôtre de Rome; et que nous appelons le glorieux saint Martial, l'apôtre des Gaules, et spécialement de l'Aquitaine, parce que ce fut dans ces régions qu'il exerça son ministère avec une incomparable charité et d'incomparables fruits.

Au reste, nous avons d'autres titres encore, pour lui donner cette glorieuse qualification. Dans une querelle suscitée à son sujet entre l'Église de Paris et celle de Limoges, sous le pontificat du pape Jean XX, ce pontife maintint à notre saint, outre les noms de confesseur et de pontife, celui d'apôtre, qui lui avait été injustement contesté ; et Pie IX, dans l'approbation récente accordée aux offices des diocèses de ces contrées, a voulu que le titre d'apôtre de l'Aquitaine fût conservé à notre illustre saint Martial.

Cette gloire ne peut donc, désormais, lui être enlevée ; et c'est avec raison que nous le vénérons comme tel, car, ainsi que nous l'avons dit et que le lecteur l'a vu, saint Martial, avec un zèle vraiment apostolique, prêcha l'Évangile dans presque toutes les contrées qui se trouvaient situées dans le centre et dans la partie occidentale des Gaules. Quelques auteurs indiquent l'évêché de Périgueux comme ayant été fondé par lui, quoique, d'ailleurs, le premier évêque de cette ville ait été saint Jérôme, qui fut envoyé de Rome, mais peut-être sur la demande de notre saint et sous sa juridiction.

Spondan, dans son éloge de saint Martial, affirme positivement que ce grand saint engendra à l'Évangile tous les peuples gaulois qui se trouvent compris entre le Rhône et l'Océan, et selon l'auteur du septième sermon de la translation de saint Martial, il n'y a point eu, dans les Gaules, d'autres premiers évêques que ceux qui y furent institués par lui. A Tours, il fonda une petite église sous le vocable de saint Pierre, auquel il avait une dévotion particulière, ce qui laisserait supposer que cette église métropolitaine fut créée peu de temps après la mort du prince des Apôtres. Selon Baronius, et d'autres savants auteurs, saint Martial consacra encore en l'honneur de l'apôtre saint Pierre trois églises, qui furent celles de Poitiers, de Saintes et d'Angoulême ; quatre sous le nom de la très-sainte Vierge Marie : Clermont, Le Puy, Rodez et Mende ; cinq sous celui de saint Étienne, savoir : Limoges, Bourges, Cahors, Agen et Toulouse, et une seule sous le vocable de saint André, à Bordeaux. Mais il paraît qu'à cette liste il fallut joindre aussi l'église et l'évêché de Tours, qui furent peut-être omis, parce qu'ils ne tardèrent pas à disparaître dans une cruelle persécution.

Quant à celui de Poitiers, sa fondation eut lieu dans

des circonstances particulièrement touchantes. Le comte Arcade, qui était gouverneur de la province du Poitou, avait suivi le duc Étienne dans la Grande-Bretagne, et en était revenu après la guerre pour assister au mariage de Silanus avec Valérie. Mais, ayant été, ainsi que ses troupes, témoin des prodiges qui eurent lieu, lors du martyre de cette sainte, ils les publièrent dans le Poitou, dont ils facilitèrent ainsi grandement la conversion. Saint Martial ne tarda pas à y aller prêcher l'Évangile, et, après y avoir fondé provisoirement une petite église, il érigea plus tard cette même église en évêché, par l'ordre exprès de Notre-Seigneur, qui lui apparut, dit-on, pendant qu'il prêchait, et lui dit : « Sache qu'à cette heure même, Pierre est crucifié dans Rome, pour la gloire de mon nom. C'est pourquoi je veux que tu fondes ici une église en l'honneur du sien. » Saint Hilaire de Poitiers, trois siècles plus tard, rappelait, dans un concile tenu à Rome, le fait glorieux de cette fondation.

L'érection de l'église de Saint-André, à Bordeaux, eut lieu dans des circonstances analogues. Ce ne fut pas, cette fois, Notre-Seigneur, mais saint Pierre lui-même qui révéla, dans une apparition à saint Martial, le jour et l'heure auxquels saint André, son frère, avait été crucifié en la ville de Patras, pour la gloire de leur commun Maître, et commanda à notre saint de consacrer une église en son nom ; Bordeaux eut, par conséquent, la première église qui, dans l'univers, ait porté le nom de ce grand apôtre.

Mais Bordeaux avait déjà reçu la foi, et voici de quelle façon. Son gouverneur, nommé Sigebert, était tombé gravement malade ; sa femme, qui se nommait Bénédicte ou Benoîte, et qui avait eu des relations avec Amadour et Véronique, se sentit inspirée d'aller trouver à Limoges le saint évêque, dont on lui avait raconté tant de prodiges, pour obtenir la guérison de son mari. Elle s'y rendit en effet, et, à la suite d'une fort touchante entrevue, Martial, qui ne pouvait s'absenter en ce moment de sa ville épiscopale, confia son bâton pastoral (celui-là même qu'il avait reçu de saint Pierre) à la femme de Sigebert, et la congédia, après lui avoir, ainsi qu'à toute sa suite, conféré la grâce du baptême, et recommandé d'user de son influence, pour procurer, à son mari d'abord, la grâce d'une sincère conversion, et de travailler désormais, l'un et l'autre, à la destruction de l'idolâtrie et à la propagation de l'Évangile.

Pendant que Bénédicte était à Limoges, il se passait à Bordeaux un fait étrange. Un grand prêtre des idoles, nommé Sigilbert, en consultant celle de Jupiter dans son temple, apprit, par le démon, la démarche qu'accomplissait en ce moment la femme du proconsul, et la rage qu'en éprouvait l'enfer, ainsi que son impuissance à s'opposer à la marche triomphale de la religion nouvelle et du culte de Jésus-Christ.

Frappé de cette révélation inattendue, Sigilbert, qui était doué d'une grande droiture d'âme, se sentit attiré à la foi chrétienne, et ne tarda pas à l'embrasser, après le retour de Benoite. Celle-ci ayant guéri son mari par l'imposition du bâton pastoral de l'évêque de Limoges, et éteint instantanément un incendie considérable, qui menaçait d'anéantir toute la ville de Bordeaux, en lui opposant la même arme sacrée, obtint par ses pieuses instances, que saint Martial vînt dans cette cité, où la population, bien disposée à entendre la prédication de notre apôtre, se convertit en foule, détruisit les images des faux dieux, transforma leurs temples en églises, et renversa tous leurs autels, excepté celui qui se trouvait dédié au *Dieu inconnu,* autel que Martial avait donné, partout, l'ordre de respecter.

Ce fut, probablement, dans ce voyage, que saint Martial consacra l'église de Saint-André. Il en érigea deux autres encore, l'une où fut placé l'autel du Dieu inconnu, et qui fut mise sous le vocable de saint Étienne ; et l'autre; qui portait le titre de la très-sainte Trinité.

Il consacra, en outre, le cimetière de Saint-Surin, pour servir de lieu de sépulture aux fidèles. Il y eut, de la sorte, dès le commencement de l'ère chrétienne, deux cimetières importants dans les Gaules, celui d'Arles et celui de Bordeaux. C'est ainsi que l'Église a toujours voulu témoigner de son respect pour le corps de l'homme régénéré par le baptême, et exigé que ses enfants, qui avaient été séparés du monde pendant leur vie, fussent encore placés dans un lieu distinct et consacré, après leur mort. Cette coutume, pratiquée à Rome, sous le pontificat même de saint Pierre, s'y maintint pendant les trois siècles que dura la persécution, et les fidèles y attachaient une telle importance que, souvent, ils s'exposaient au martyre pour que les restes mortels de leurs parents et amis ne fussent pas privés de l'honneur d'une sépulture chrétienne.

Le cimetière d'Arles jouit pendant des siècles d'une réputation considérable, et on tenait tellement à honneur d'y être inhumé, que, de très-loin, on prenait des dispositions pour y reposer après sa mort. Au quatorzième siècle « on s'arrangeait pour être enterré à Arles », comme on disait dans le temps. Un grand nombre de riverains du Rhône avaient continué de spécifier dans leur testament qu'ils voulaient reposer à Arles, après leur mort, et comme, alors, les moyens de communication n'étaient pas aussi faciles qu'aujourd'hui, on avait contracté chez les peuplades qui habitaient en amont du fleuve, l'usage de placer les cadavres dans des caisses vides, sur lesquelles on déposait le prix de leur sépulture, et de les abandonner ensuite au courant de l'eau; puis, à Arles, des préposés à ce genre de fonction, arrêtaient le cercueil flottant, et confiaient le défunt à sa dernière demeure.

Le cimetière de Saint-Surin, à Bordeaux, ne jouissait pas d'une moindre réputation. Ce fut dans cette enceinte bénie que l'on transporta le corps de la femme de Sigebert, et ce fut aussi dans cette terre sainte que furent déposés plus tard les restes des guerriers qui périrent à la bataille de Roncevaux, Charlemagne ayant voulu et pris soin lui-même que ces derniers honneurs fussent accordés à ses preux.

Les progrès de la civilisation moderne nous ont élevés bien au-dessus de ces superstitions des âges de barbarie. Aujourd'hui, le corps de l'homme n'est plus le vase sacré qui a contenu le sacrement de l'âme humaine, cette chose divine, et qui, après avoir été son triste compagnon aux jours de sa mortalité et des larmes, doit lui être rendu incorruptible à l'heure de la résurrection et de la joie; comme l'étendard de la vierge de Vaucouleurs, qui, après avoir été à la peine, a bien le droit aussi de se trouver à l'honneur. Le corps de l'homme n'est plus le trait d'union de l'esprit créé avec l'esprit incréé, le canal obligé de toutes les grâces, l'interprète fidèle des plus purs et des plus saints sentiments du cœur chrétien; l'organe de la pensée dans la terre d'exil, et celui de la prière des exilés; le cristal transparent au travers duquel l'œil de la foi contemple les splendeurs des âmes, et le vêtement visible du Dieu caché, qui reçoit, dans l'abîme de son infini, l'obole déposée dans une main de chair.

Aujourd'hui, le corps de l'homme est un engrais. Le seul souci qu'on en prenne, c'est de l'éloigner des vivants, à cause des souvenirs fâcheux qu'il réveille, des craintes qu'il inspire et de l'avenir qu'il prédit.

Il est réservé aux siècles qui croient et qui espèrent, de respecter l'instrument qui chante l'hymne des saintes amours; le nôtre s'en est trop mal servi pour pouvoir le respecter encore. Notre société tracassée et tracassière, après avoir inauguré de prétendus droits de l'homme au préjudice des véritables droits du chrétien, a trouvé bon de mettre la main jusque sur le champ de repos de l'Église, afin que le catholicisme ne pût posséder même les cendres de ses morts; et, de se faufiler jusque dans

les cimetières, pour infecter de leur désagréable voisinage, notre dernière demeure, et empêcher ceux qui dor-
ment d'y sommeiller en paix.

XVII

Raconter en détail les courses apostoliques de notre saint, les conquêtes faites par lui des peuples qu'il soumit aux lois de l'Évangile, les durs travaux, les souffrances, les persécutions qu'il dut subir, pour prix de ses triomphes et pour récompense de ses vertus, serait une tâche longue et difficile, qui, d'ailleurs, nous exposerait à des redites de peu d'intérêt et de médiocre utilité: les événements qui nous sont rapportés par les historiens offrant de tels traits de ressemblance dans leurs caractères généraux que la diversité des détails ne porte presque que sur les noms des personnes et des lieux.

Nous nous bornerons donc à enregistrer sommairement ce qui est du domaine de l'histoire générale de saint Martial, nous contentant de mentionner quelques détails particuliers, qui présentent un intérêt plus spécial.

C'est ainsi que nous rappellerons seulement les peines que notre apôtre eut à souffrir en Gascogne, pour conquérir cette province à l'Évangile : chaînes, cachots, verges, outrages de toutes sortes, rien ne lui fut épargné. Mais Dieu voulut aussi opérer là, par ses mains, de très-éclatants miracles, à la suite desquels la contrée se soumit au joug léger et doux de la foi de Jésus-Christ.

Agen doit, de même, à saint Martial sa conversion et la fondation de l'église de Saint-Étienne.

Revenu de son voyage en Guienne, après avoir visité le Béarn, et porté la lumière de la croix jusqu'à Barcelone, notre glorieux évêque entra dans le Languedoc, et arriva bientôt à Toulouse. La ville était gouvernée, au nom des Romains, par un proconsul, du nom de Marcellus, auquel la coutume du pays donnait le titre de roi. Cet homme, d'un caractère dur et cruel, était généralement détesté dans la contrée, et l'eût été, sans doute, davantage encore, si sa sévérité ne se fût trouvée, en quelque sorte, compensée par la bonté et la douceur d'une fille unique qu'il avait, et qui unissait à ses qualités d'esprit et de cœur la plus charmante physionomie.

Cette enfant, cependant, était affligée d'une maladie absolument incurable, d'un ulcère caché, ou d'une sorte de lèpre, qui répandait une infection telle que ses plus intimes amis et ses proches n'en pouvaient supporter la puanteur. Elle avait beau se couvrir de parfums, l'odeur affreuse qui s'en exhalait la rendait insupportable à tout le monde, et avait même gravement altéré sa santé. On la fuyait, malgré l'affection qu'on ressentait pour elle, ce qui la rendait malheureuse à l'excès.

Remplie de confusion par suite de cette infirmité, à laquelle on ne connaissait nul remède, elle apprend que saint Martial et saint Saturnin, qui prêchaient alors l'Évangile à Toulouse, confirmaient leur prédication par un grand nombre de prodiges. Dans l'angoisse où elle se trouvait réduite, elle fait appeler le grand évêque, lui demande sa guérison au nom de Jésus crucifié, et lui promet de recevoir le baptême et de vivre en chrétienne, s'il lui accorde la faveur de la guérir.

L'apôtre, inspiré par Dieu, lui répondit que c'était à elle, d'abord, de venir à Dieu, si elle désirait recevoir une semblable grâce, et après l'avoir instruite des vérités essentielles de notre sainte religion, il lui promit qu'en recevant le baptême, et la parfaite santé de l'âme, elle recevrait pareillement la guérison du corps,

Austris, c'était le nom de la jeune princesse, fut, à cette promesse, remplie d'une grande joie. Elle prit jour avec le saint pour recevoir le sacrement de la régénération ; mais en secret, à cause de son père, qui était sectateur fanatique des idoles, et Martial satisfit à ses vœux, en la baptisant en présence des fidèles du lieu.

A peine l'eau sainte eut-elle touché son corps, que la lèpre disparut.

Austris, l'âme remplie de bonheur et de reconnaissance, voulut garder pour Dieu seul le trésor de double pureté qu'elle venait de recouvrer, et après s'être fait instruire parfaitement de tous les mystères de la foi chrétienne, elle se résolut à quitter le monde, et à consacrer à Dieu sa chasteté. Sur sa demande, son père, qui l'aimait avec une grande tendresse, et qui n'avait peut-être pas connaissance de sa guérison, lui fit bâtir, de l'autre côté du fleuve, un palais et une maison de retraite, au faubourg nommé depuis de Saint-Soubran, et ayant orné ce lieu de fontaines et de tout ce qui pouvait le rendre plus agréable à habiter, il fit jeter sur la Garonne un pont qui communiquait avec la demeure de sa fille, où il établit des bains qui reçurent plus tard le nom de Bains de la reine Austris.

Marcellus crut ainsi faire élever un édifice pour servir

de maison de plaisance à sa fille ; mais en réalité, celle-ci y vécut dans la retraite et la sainteté, avec les pieuses compagnes qu'elle s'était associées, et cette demeure bénie fut bientôt, à Toulouse, le lieu choisi par Dieu pour faire fructifier avec abondance la divine semence de l'Évangile.

Marcellus, cependant, s'opposa dès l'abord à la propagation de la religion chrétienne, et persécuta cruellement les fidèles, dans les terres de sa juridiction ; mais, comme cette province était du ressort de celle de Limoges, le duc Étienne lui écrivit pour lui signifier d'y mettre fin ; et Martial, après bien des tourments, eut la joie de voir la foi fleurir en paix dans la contrée ; il y fit bâtir une église, en l'honneur de saint Étienne, où il déposa les plus précieuses reliques, ainsi que dans les autres églises qu'il y fonda, et consacra saint Saturnin, qui devint ainsi le premier évêque de Toulouse.

Ce fut environ vers l'an 70 de l'ère chrétienne que notre saint évangélisa la ville de Cahors, où il se rendit à la suite d'une vision céleste, et qu'il convertit par sa prédication et ses miracles, la faisant sortir d'une corruption qui était exceptionnellement profonde, même chez les peuples païens. Il consacra également la première église qu'il y bâtit, au grand martyr saint Étienne, et nous croyons que tel est encore aujourd'hui le titre de la cathédrale de cet antique évêché.

Après avoir ainsi, successivement, évangélisé toutes les contrées de la Gaule-Aquitaine, saint Martial, à son retour de la Guienne et du Querci, dirigea ses courses apostoliques vers Paris, où il bâtit, en l'honneur de sainte Valérie, première martyre des Gaules, une église qui, plus tard, fut dédiée à Dieu sous son propre nom. Il avait reçu de l'apôtre saint Pierre la haute juridiction sur toutes les églises des Gaules ; c'était lui qui instituait les premiers pasteurs, remplissait les siéges vacants, assignait, aux missionnaires que saint Pierre et saint Paul lui envoyaient, leurs places et leurs fonctions, les secourant au besoin et veillant, avec un soin assidu, à la fructification de la semence divine, dans le vaste champ que le Seigneur lui avait confié.

Il parcourut de la sorte, l'une après l'autre, toutes les contrées, jusqu'à la Belgique, rayonnant, pour ainsi dire, de tous côtés, depuis l'Océan jusqu'en Bourgogne, où, après avoir visité Auxerre, il laissa, avec son souvenir, une fontaine portant son nom, dans l'église paroissiale de Saint-Martial, dite de Seignelay, dont les eaux, qui coulent dans une grotte, sous le maître-autel, étaient encore employées à la fin du dix-septième siècle avec une efficacité merveilleuse pour baigner et guérir les petits enfants. Nous ignorons si cette pieuse pratique est encore en usage de nos jours.

Ce fut après avoir terminé ces courses apostoliques, que saint Martial revint dans sa ville épiscopale, pour y mettre la main à deux œuvres considérables : nous voulons parler de la fondation et consécration de l'église de Saint-Pierre du Sépulcre, et de l'établissement des clercs ou chanoines réguliers.

Le jour où saint Martial reçut de saint Amadour la nouvelle de la mort de saint Pierre fut, sans aucun doute, lourd à porter à son cœur, malgré la consolation que dut ressentir son âme à l'annonce de ce glorieux martyre. Fidèle aux ordres qui lui avaient été donnés par les apôtres, son premier soin fut d'organiser et d'instituer le clergé des églises qu'il avait fondées, conformément à l'usage de Rome et des chrétientés primitives.

Selon Denis le Chartreux, les apôtres constituèrent tous les prêtres en congrégations de clercs destinés à vivre en communauté. Nous avons déjà parlé de cette disposition ecclésiastique dans un travail récemment publié sur les chanoines, et fait remarquer que la vie commune des clercs avait pour principe celle qu'avait menée le Sauveur des hommes lui-même, avec ses apôtres. Ceux-ci, selon la tradition commune, avant de se séparer, et pendant qu'ils étaient encore réunis sur la sainte montagne, après l'Ascension de Notre-Seigneur Jésus-Christ, délibérèrent sur le genre de vie qu'ils devraient mener, eux et tous ceux qui seraient députés au service de l'Église, et convinrent, unanimement, que toutes choses seraient communes entre eux, et que le clergé catholique vivrait dans la pauvreté, dans la chasteté et dans l'obéissance, soit qu'ils s'y obligeassent par vœu, comme le pensent plusieurs auteurs, soit que ce fût seulement une coutume, ou une pratique rendue obligatoire par une loi.

Quoi qu'il en soit, le fait incontestable est que, même parmi les simples fidèles, la communauté des biens fut quelque temps en vigueur, sans toutefois être prescrite ; mais pour les clercs, c'est-à-dire pour le corps ecclésiastique enseignant et dirigeant, cette institution apostolique fut longtemps observée, par les successeurs des apôtres, et par le clergé, avec une parfaite exactitude, partout où cela était possible et où l'Église pouvait fonctionner dans la paix.

Il n'y a rien de plus simple et de plus touchant que cette première organisation de l'Église naissante. Peu ou point de lois écrites, pas même celle de l'Évangile, qui ne devait être formulée que plus tard ; quelques principes, fondés sur l'exemple du Maître, transmis et consacrés par l'usage et la tradition autoritaire des pasteurs : tel était le code chrétien des premières années. Les lois ne sont nécessaires et ne se multiplient que lorsque les principes s'en vont, et dans la proportion selon laquelle ils disparaissent. Plus une société s'abâtardit et plus elle légifère. Mais, quand les vertus sont parties, que valent et à quoi servent les lois?

La loi écrite est la loi morte. Les fondateurs de l'Église avaient la loi vivante, incarnée dans la personne des continuateurs de la mission de Jésus-Christ. La loi suprême, c'était le pape, et, dans chaque diocèse, l'interprète du premier pontife, c'est-à-dire la personne sacrée du pasteur des pasteurs. On disait au prêtre et au clerc : « Si tu veux être parfait, va, dépouille-toi de tout et suis Jésus-Christ. Obéis à celui qui est constitué pour te gouverner, parce que c'est lui qui doit rendre compte de ton âme, et sois vierge comme Jésus l'a été. » Et le clerc, sans se croire un héros, allait, vendait tout, en remettait le prix à l'évêque, et vivait soumis et docile à ses chefs, dans la perfection de la chasteté, débarrassé de tout souci terrestre, et le cœur et l'âme sans cesse tournés vers le ciel.

C'était tout, et avec cela l'Église s'est fondée, et a fondé le monde social, le baptisant dans le sang de ses martyrs. L'Église est une famille, et la vie commune parfaite n'est autre chose que la vie de famille par excellence, la vie de fraternité et d'amour : voilà pourquoi elle s'est introduite naturellement dans les habitudes et dans les mœurs du monde chrétien. Il entre dans l'esprit de l'Église de fondre la glace de l'égoïsme humain par les flammes de la charité, et d'apporter à la terre les mœurs du ciel. Or, dans le ciel, il n'y a plus de tien ni de mien, cette froide parole, comme le dit saint Jean Chrysostome ; il n'y a plus d'autre propriété que le bien commun à tous : notre Père qui est aux cieux.

Voilà pourquoi, en conformité avec les usages chrétiens introduits par les apôtres, saint Martial, à Limoges et ailleurs, mais surtout à Limoges, avait établi la vie commune parmi ses clercs, et leur avait prescrit de vivre en communauté, ne possédant rien en propre, mais chacun selon la règle formulée et observée par le grand apôtre, c'est-à-dire que, jusqu'à sa mort, il se contentait de la nourriture et du vêtement.

Les moines, alors, non-seulement n'étaient pas clercs, mais ne pouvaient pas l'être ; c'étaient ou des pénitents qui se retiraient dans le cloître pour y expier leurs fautes passées, ou des âmes dégoûtées du monde qui voulaient travailler uniquement à acquérir la perfection. Saint Martial établit pareillement de ces communautés à Limoges, et les moines vivaient là, comme partout dans le reste de l'Église, sous la surveillance et l'autorité des clercs.

Il résultait de cet ordre de choses qu'une administration était nécessaire, et l'Église ne s'en est jamais passée ; mais dans ces temps de foi et d'amour, l'administration était l'auxiliaire, l'expression et la servante de la charité; elle ne la supplantait point, ne s'y substituait pas, et n'avait jamais la prétention de la remplacer dans l'Église de Dieu, ainsi que cela s'est vu quelquefois depuis, dans des temps moins heureux, et des contrées moins favorisées, où c'était moins l'administration des choses temporelles qui était instituée pour l'Église, que ce n'était l'Église qui semblait être faite pour l'administration. Toutefois, à ces œuvres et à ces institutions, il fallait un centre et des lieux de refuge. Et comme, alors, on n'avait pas encore inventé l'utopie de la séparation absolue de l'Église et de l'État, saint Martial, profitant des saintes dispositions du duc Étienne, eut recours à lui pour constituer solidement l'édifice qu'il avait entrepris de bâtir.

Nous avons déjà dit que notre apôtre avait fait ériger

un oratoire sur l'emplacement du palais qu'avaient occupé naguère sainte Suzanne et sainte Valérie; mais
cet édifice ne lui semblait pas suffisant pour ce qu'il
voulait établir en ce lieu, et il avait formé de plus vastes
desseins. Le corps virginal de sa fille bien-aimée lui
semblait digne de servir de fondement à un temple splendide. La terre où elle était ensevelie était une terre
vierge aussi, qui n'avait jamais servi aux actes des superstitions idolâtriques, ainsi que les autres églises qui,
sans doute, avaient été purifiées et bénites, mais qui
n'avaient pas été bâties par des mains chrétiennes, et
n'avaient pas servi exclusivement au culte du vrai Dieu.

C'était là l'emplacement qu'il avait choisi pour sa
propre sépulture, auprès de celle qu'il avait aimée d'un
amour si paternel, de la douce messagère qui l'avait
précédé et annoncé, et qui l'attendait dans les parvis
éternels : et c'était aussi en ce lieu sacré qu'il voulait
édifier une maison de prière qui demeurât après lui, et
où les louanges de Dieu fussent, sans interruption,
chantées et la nuit et le jour.

Il s'ouvrit de ce projet au duc Étienne, qui l'accueil-
lit avec joie, et commanda que l'on bâti, sur le tombeau de la vierge et martyre Valérie, une splendide basilique, qui fût ornée avec une magnificence royale.

Cet ordre fut aussitôt exécuté, et les travaux en furent poussés avec une activité extraordinaire. L'église se vit, en peu de temps, achevée et dédiée au prince des Apôtres, sous le titre de Saint-Pierre du Sépulcre. Le maître-autel, dédié à saint Pierre, était tout garni de lames d'or; il supportait le propitiatoire, où l'on conservait le très-Saint Sacrement. Aux quatre coins, étaient suspendues quatre couronnes d'or et, devant l'autel, brûlaient, nuit et jour, sept lampes de même métal. L'encensoir, la croix, les calices et tous les ustensiles nécessaires au culte étaient pareillement en or pur.

La dédicace de ce temple fut faite avec une solennité exceptionnelle. Les fidèles y accoururent de très-loin : la ville était pleine et la foule si considérable, que l'on fut obligé de faire dresser des tentes tout autour, pour loger les pèlerins, que le proconsul, pendant trois jours, voulut nourrir et entretenir à ses frais. Pendant la messe, que saint Martial célébra le jour même de la consécration, au moment où il allait prononcer les paroles sacramentelles, une brillante lumière, descendue des cieux, l'entoura et le rendit resplendissant comme le soleil.

Le duc Étienne, non content d'honorer Dieu en lui rigeant un temple, voulut, pendant que se bâtissait Sai nt

Pierre du Sépulcre, faire édifier un hôpital, pouvant recevoir cinq cents pauvres, en sus des deux autres qu'il
avait déjà fondés.

Dans les bâtiments annexés à la basilique de Saint-
Pierre du Sépulcre, comme à l'église de Saint-Étienne,
furent logées les communautés de clercs et de moines
dont nous avons déjà parlé. Ils étaient à Saint-Pierre
au nombre de quarante-huit, destinés au ministère des
âmes et au service du lieu saint. Parmi eux se trouvaient André, que saint Martial avait ressuscité, et Hildebert, le fils d'Arcade, comte de Poitiers. Ce fut André
qui devint le premier père et le supérieur de cette
communauté naissante, comme Aurélien l'était de celle
de Saint-Étienne ; mais, dans l'une et dans l'autre, les
choses étaient si bien réglées, nous dit l'auteur des
Sermons de sainte Valérie, « que les riches n'avaient
pas plus que les pauvres, et qu'aucun d'eux ne possédait
rien en propre. » Grand nombre de personnes, touchées de
l'esprit de Dieu, embrassèrent dans ces saintes maisons
la vie religieuse ; et le duc Étienne, voyant ces deux familles se multiplier d'une manière si admirable, céda à
saint Martial des possessions territoriales considérables,
pour leur entretien et pour celui des basiliques que
desservaient ces deux communautés.

Plus tard, ces monuments étant tombés en ruines, on bâtit, sur l'emplacement de Saint-Pierre du Sépulcre, un beau couvent et une église magnifique, qui fut, cette fois, érigée sous le vocable de saint Martial. Cet édifice a subsisté jusqu'à la glorieuse révolution de 93, qui l'a détruit de fond en comble, avec la haute intelligence qui caractérisait ces philosophes en guenilles, disciples logiques des maîtres que chacun sait.

Ainsi, ce berceau de la foi, l'asile où dormaient ces grands hommes, ce musée, enrichi par la piété des siècles; l'église souterraine, où se trouvaient, dans une crypte mystérieuse, les tombes sacrées de l'apôtre d'Aquitaine, de Tève ou Estéve le Duc, de Suzanne, de Valérie, la douce vierge; l'église, l'abbaye, les autels et les tombeaux, tout cela a été détruit jusqu'aux fondements, et l'espace que remplissaient ces saints lieux est aujourd'hui occupé par un théâtre.

Que Dieu ait pitié d'un siècle où un peuple, qui se dit chrétien, assiste sans frémir à de semblables profanations !

XVIII

DERNIERS COMBATS.

Saint Martial avait gouverné l'Église d'Aquitaine
pendant plus d'un quart de siècle, et évangélisé la plus
grande partie des Gaules; sa vie et sa santé, sans cesse
dépensées dans les travaux du saint ministère, se
trouvaient singulièrement affaiblies par les fatigues qu'il
n'avait cessé d'endurer, et par les persécutions cruelles
auxquelles il avait été si souvent en butte. Vingt fois, il
avait été exposé au martyre; vingt fois, il en avait subi
toutes les douleurs, et n'en avait été préservé que par
d'éclatants prodiges. Mais Dieu, qui le conservait ainsi
à son troupeau, ne prétendait pas lui enlever le mérite
de la souffrance, et, peu à peu, ses forces s'éteignaient,

comme s'éteint la flamme d'une lampe où l'huile fait défaut.

Mais de même que la flamme d'une lampe jette souvent, avant de s'éteindre, une plus vive clarté, de même l'âme de saint Martial, avant de retourner à son auteur, devait répandre une plus éclatante lumière. En lui livrant le secret et lui donnant le doux pressentiment de sa mort, Dieu lui commanda d'accomplir encore un dernier voyage, pour visiter et confirmer dans la foi tous les peuples qu'il lui avait conquis.

Et avant qu'il ne se mît en route, comme son pèlerinage devait être d'assez longue durée, notre saint voulut que son cher troupeau ne restât pas sans pasteur. Un jour qu'il était en oraison avec André et Aurélien, ses deux fils spirituels, le Seigneur lui révéla qu'il devait se choisir un successeur, le consacrer dès lors pour tenir sa place, et l'installer de suite, comme évêque, dans son cher et précieux bercail.

Ce fut Aurélien qui fut désigné pour assumer cette responsabilité formidable, d'être placé par notre apôtre à la tête du troupeau; et jamais choix ne fut plus heureux, parce que jamais élection ne fut faite d'un sujet qui en fût plus digne, et qui y fût plus manifestement indiqué par Dieu.

Aurélien, qui avait été rappelé à la vie par notre saint, était un des deux flamines qui s'étaient si violemment opposés, dans les premiers jours de l'apostolat du saint évêque, à la prédication de l'Évangile; mais, après sa prodigieuse résurrection, il s'était, ainsi qu'André, sans cesse souvenu de la grâce qui lui avait été accordée, et s'en était montré reconnaissant. Sa vie était exemplaire, il avait lui-même reçu le don des miracles, son humilité était profonde, la vivacité de sa foi était parfaite, et il avait entrepris de marcher entièrement sur les traces de son saint Père, dont il devait encore être le continuateur et l'historien.

Le duc Étienne, ainsi que nous l'avons dit en son lieu, était mort, et avait été enseveli dans l'église souterraine de Saint-Pierre du Sépulcre, auprès de celle qui avait été sa fiancée, et plus tard, sa victime, la glorieuse sainte Valérie. Et ce fut après cette mort que saint Martial voulut consacrer Aurélien, pour que celui-ci le remplaçât dans la chaire épiscopale de Limoges, avant d'entreprendre le long et pénible voyage qui devait être le dernier.

La cérémonie de la consécration eut lieu au milieu d'un grand concours de fidèles, partagés entre la douleur de penser que, bientôt, ils allaient perdre leur père et la joie de le voir remplacé, même de son vivant, par un si digne successeur.

Ce fut après que Martial eut terminé son voyage et accompli toutes ces choses, qu'il revint dans sa ville épiscopale de Limoges, y reçut une nouvelle assurance de sa mort prochaine, et se mit à y préparer non-seulement son âme, mais encore tous ceux qui l'aimaient et qui allaient assister à ses derniers moments. Quinze jours avant qu'il ne rendît son âme à Dieu, Notre-Seigneur Jésus-Christ lui apparut en effet, si nous en croyons les auteurs qui ont écrit sa vie, et lui annonça, en lui déterminant l'époque et précisant l'heure de sa suprême venue, quel jour et à quel moment il viendrait encore; mais, désormais pour la dernière fois, le chercher, et lui donner la couronne impérissable des saints, dans les tabernacles éternels.

Selon la remarque d'un ancien auteur, on rencontre entre saint Jean et saint Martial de touchantes analogies; l'un et l'autre furent choisis par Notre-Seigneur et destinés à la fonction d'apôtre, quoique Martial n'ait pas été du nombre des douze. L'un et l'autre ont été comme martyrs, sans avoir subi de mort violente; mais parce qu'ils ont bu le calice de la confession du divin Maître, dans de nombreux supplices et de cruels tourments. L'un et l'autre, enfin, ont été vierges, et ont joui de la vision divine avant d'avoir goûté la mort.

Cette dernière grâce devait être accordée à notre apôtre peu de temps avant sa fin, et voici à peu près en quels termes simples et touchants saint Aurélien, son historien et son successeur, le raconte, dans la vie qu'il nous en a laissée :

« Saint Martial étant, selon sa coutume, en oraison, le Sauveur des hommes lui apparut, entouré d'une indicible splendeur, et lui parla en ces termes : « La paix soit avec vous, mon frère très-fidèle ; parce que vous avez obéi à ma voix, vous demeurerez éternellement avec moi dans la clarté qui n'a ni fin ni limites. » Le disciple de Notre-Seigneur, à la vue d'une beauté si ravissante, et entendant une promesse si magnifique et si douce, se prosterna aux pieds de son adorable Maître, et, rempli de joie, de reconnaissance et d'amour, s'écria : « O Seigneur ! à la vue de votre face que les anges souhaitent de contempler sans cesse, et comblé des ineffables délices de votre présence, je me sens dans les transports qu'éprouverait un mort en sortant de son tombeau, s'il était rendu à la vie et placé en contemplation du ciel. Le vase de mon cœur, si vous ne le dilatez, est trop étroit pour contenir une félicité si grande. O mon doux Maître,

Fils du Dieu vivant, vous que j'ai vu et suivi sur la terre, que j'ai connu, que j'ai si ardemment aimé; vous qui avez daigné me serrer sur votre cœur, dans vos bras, aux jours de mon enfance, votre corps divin exhale un parfum plus exquis que tous les aromes et les parfums d'ici-bas! Je vous supplie, ô bon Pasteur, et je conjure votre clémence de commander que je sois admis dans cette lumière que vous m'avez promise, à moi et à tous ceux qui vous aiment. *Amen.* »

Selon un autre pieux auteur, Jésus répondit à la prière de son disciple : « N'ayez point de crainte, mon frère bien-aimé; vos désirs sincères et légitimes seront bientôt accomplis. Dans quinze jours, je reviendrai vous visiter encore, et je vous emmènerai avec moi, pour vous recevoir, avec gloire et honneur, parmi les anges, les patriarches, les prophètes, les apôtres, les martyrs, les confesseurs, les vierges et la multitude des justes; je vous placerai avec les apôtres, vos frères, et vous ferai héritier de mon royaume. »

Cette apparition laissa l'âme de Martial remplie d'une incomparable joie. Après avoir passé le reste de la nuit en prières et en hymnes d'allégresse, pour rendre grâces à Dieu de l'espérance de son prochain trépas, il assembla les deux communautés de Saint-Pierre du Sépulcre et de Saint-Étienne, et manifesta à ses enfants spirituels la révélation qu'il avait eue de sa mort et des circonstances qui devaient accompagner sa fin prochaine.

Cette nouvelle, quoiqu'elle fût singulièrement adoucie par la pensée du bonheur réservé à leur saint et doux père, jeta ses disciples dans une tristesse profonde, et, sans doute, il leur dut être amer de poser leurs lèvres sur le calice de cette séparation, que leur présentait le Seigneur.

Saint Martial, cependant, tout en ayant reçu l'assurance de la gloire qui lui était réservée, ne voulut pas rester oisif pendant les derniers jours qu'il devait encore passer au milieu des siens. Bien que le mal qui devait le conduire au tombeau lui causât des souffrances cruelles, il paraissait les oublier, pour redoubler de zèle dans l'accomplissement de ses devoirs de pasteur. Chaque jour, ainsi qu'Aurélien nous le rapporte, il offrait le très-saint sacrifice de la messe, pour lui et pour les peuples qu'il avait conquis à la foi. Chaque jour, il montait en chaire et prêchait aux fidèles qui venaient, pour l'entendre, des points les plus éloignés des Gaules ; après le travail, il se contentait de prendre une frugale nourriture, qui consistait en une petite quantité de pain et d'eau, persévérant dans la pratique austère du jeûne, des veilles et de la divine oraison, où il consumait une partie considérable des nuits.

Dès que le glorieux pontife eut reçu l'annonce de sa fin, il envoya des messagers dans tous les lieux où il avait porté la lumière de l'Évangile, pour convoquer ses enfants, afin qu'ils l'assistassent de leurs prières à son dernier passage, et que tous ceux qui le pourraient reçussent sa suprême bénédiction.

Ils accoururent en foule, le cœur plein d'amertume ; bientôt la ville de Limoges fut remplie de ces pieux et tristes pèlerins. Ils se pressaient autour de lui, cherchant à le voir une fois encore, à toucher ses vêtements avec respect, et à entendre une parole sortir de ses lèvres vénérées. Mais comme il lui était impossible de satisfaire au désir d'un si grand nombre, le jour de sa mort étant enfin arrivé, « tous ceux qui étaient rassemblés dans la ville », dit Aurélien, « le conjurèrent de leur faire une dernière exhortation, qui contînt le sommaire des mystères et des dogmes catholiques, avant que Dieu ne le retirât de ce monde, et ne l'enlevât à leur amour. »

Saint Martial défère à leurs prières, qui, vu l'état de langueur où il était réduit, pouvaient sembler particulièrement inopportunes ; mais la charité sait tout souffrir; ou, comme le dit si bien un grand saint : l'amour enlève la peine ou sait la rendre aimable.

Le lieu que Martial désigna pour cette réunion si touchante et si solennelle fut une vaste place, située hors de la ville de Limoges, non loin de la *porte Calcinée,* et qui pouvait contenir beaucoup de monde.

On y accourut de toutes parts. Le saint évêque s'y fit transporter, étant désormais incapable de s'y rendre en marchant, et s'y tint assis, ne pouvant se tenir debout, à cause de son extrême faiblesse. Là, assis sur son siége pastoral, il adressa, une dernière fois, la parole, à ses ouailles bien-aimées, leur enseignant à croire, à espérer et à aimer Dieu. Cette dernière instruction, reproduite en substance par son saint biographe, n'est autre chose qu'une traduction et un résumé touchant et fidèle de l'Évangile qu'il avait si longtemps prêché.

Ce devait être un magnifique et émouvant spectacle que celui de cet homme jeune encore, mais usé par les labeurs avant l'âge, et consumé par l'amour, prêchait à un peuple immense, qui l'écoutait dans un silence religieux, les yeux humides de pleurs et pourtant l'âme attentive, pour ne rien perdre des trésors que leur versait cette âme épiscopale, si pleine d'eux et si pleine de son Dieu, et si vide d'elle-même, jusqu'au fond.

Il commença à leur parler le matin, dès l'aurore, et continua l'œuvre de cet apostolat sublime pendant toute la durée du jour. Enfin sonna l'heure des adieux. La fièvre, redoublant d'ardeur, avait épuisé toutes les forces de l'apôtre ; la mort venait à grands pas, à la suite de sa brûlante messagère ; la voix du saint ne se faisait presque plus entendre, malgré le profond silence qui régnait dans cette assemblée, où chacun eût pu écouter les battements de son cœur. Réunissant tout ce qui lui restait de forces dans un effort suprême, Martial, levant les yeux au ciel, étendit ses mains tremblantes sur cette foule prosternée, pour leur verser, dans la bénédiction de l'évêque, la divine bénédiction.

« Que le Dieu tout-puissant », dit l'apôtre, « vous bénisse par sa clémence, et qu'il répande sur vous, avec abondance, le sentiment salutaire de la sagesse. »

Et le peuple répondit : « Amen ! »

« Qu'il vous nourrisse des enseignements de la foi chrétienne, et vous fasse la grâce de persévérer dans les bonnes œuvres, jusqu'à la fin ! »

Et le peuple répondit encore : « Amen ! »

« Qu'il dirige vos pas vers le séjour de la vraie vie, et vous montre le chemin de la paix et de la charité. »

Tout le peuple ayant encore répondu « Amen! » le saint continua :

« Que le Seigneur vous bénisse et vous garde ; qu'il ait pitié de vous et vous donne la paix ; que cette grâce vous soit accordée par Celui qui vous a formés du limon de la terre, et vous a rachetés de son sang précieux ; Celui dont la puissance subsistera toujours dans les siècles des siècles. »

Et tous, encore, répondirent : « Amen! »

Enfin, le saint, levant de nouveau les yeux vers l'Auteur de toute bénédiction, lui adressa cette prière : « Seigneur Jésus, qui êtes le bon Pasteur, je vous recommande les brebis que vous m'avez confiées, par l'entremise du bienheureux saint Pierre. Maintenant, je les remets entre vos mains ; et, par l'intercession du même prince des Apôtres, je vous supplie de les prendre en votre sainte et digne garde, afin que par mon ministère elles aient toujours pour commun pasteur saint Pierre, auquel vous avez particulièrement confié la charge de paître et de nourrir votre troupeau. Conservez, ô Seigneur, votre peuple, ces fidèles que je vous ai acquis par votre grâce, les ayant régénérés par l'eau et le Saint-Esprit, et que vous avez rachetés par votre sang divin. »

Et tout le peuple s'écria : « Amen! »

Ensuite, le saint apôtre recommanda particulièrement son cher troupeau à Aurélien, son successeur, qui fondait en larmes; puis, s'adressant derechef à ses enfants, qu'il semblait ne pouvoir se décider à quitter, il leur dit d'une voix mourante : « Vous que j'ai engendrés à Jésus-Christ, vous que j'ai éclairés des lumières de l'Évangile, vous, mes enfants, que j'aime comme mes entrailles, res-pectez, honorez ce pasteur chéri que je vous donne, comme un autre moi-même; soyez-lui obéissants, soyez son soutien, sa consolation et sa joie; qu'il soit votre père, et vous, soyez ses enfants. »

Tous répondirent : « Qu'il en soit ainsi! »

Ici la voix de l'apôtre s'éteignit, et l'on comprit qu'il allait mourir. De toutes parts, on n'entendait que san-gloter et tous les yeux étaient remplis de larmes. On emporta, en chantant des psaumes, le saint mourant, au milieu d'un deuil immense et d'une indicible cons-ternation. Martial voulut qu'on le portât dans la basi-lique de Saint-Étienne, qu'il avait fait bâtir, afin de s'y consumer, jusqu'à la fin, aux pieds de son divin Maître, comme un encens d'agréable odeur. Ses enfants portaient entre leurs bras ce corps sacré, pour le déposer dans le lieu saint, en présence du Dieu de son cœur.

Arrivé dans l'église, le fidèle serviteur du Christ voulut être revêtu d'un cilice, et se fit déposer sur la terre, couverte de cendres, désirant finir sa vie dans l'humilité, comme il l'avait commencée. Il se fit soutenir pendant que, comme Moïse, il était à genoux sur le sol du saint temple, priant encore pour son peuple et priant pour lui-même, à l'heure de son dernier combat; et tandis qu'il était dans cette humble posture, il disait à Dieu : « O mon Jésus! très-bon et très-miséricordieux Pasteur, mon doux Maître, vous que j'ai toujours aimé de toutes les affections de mon âme, il ne me reste plus que d'aller à vous pour vous voir face à face. O Dieu d'amour, je vous recommande mon esprit, et je remets mon âme entre vos mains! »

Tout le peuple gémissait, pleurait et priait dans le saint lieu. L'auguste mourant fit un signe, et à ce signe tous gardèrent le plus profond silence.

« Cessez », dit-il, « cessez vos regrets et vos larmes; il n'est pas convenable de mêler la tristesse à la joie, ni la voix de la terre à celle des cieux... N'entendez-vous pas ces chants mélodieux qui ravissent mon âme?... Ah! voici venir Jésus en personne, ainsi qu'il me l'a promis. »

Ce furent ses dernières paroles. L'homme de Dieu avait quitté ce monde; l'âme, cette reine immortelle avait dépouillé les haillons de la mortalité. L'apôtre de l'Aquitaine, le glorieux saint Martial, avait échangé les larmes de la terre contre la divine volupté des cieux.

XIX

APRÈS LA MORT.

Ainsi mourut, à l'âge de cinquante-neuf ans, le glorieux saint Martial, premier évêque de Limoges, et
apôtre d'Aquitaine, après avoir gouverné son Église pendant l'espace de vingt-huit années. Il échangea les douleurs de la vie présente contre la félicité éternelle, en
l'an 74 de Jésus-Christ, quatre ans après le martyre de
saint Pierre, et dans la troisième année du règne de
l'empereur Vespasien.

Le corps vénéré du pontife était resté dans l'état où
l'avait trouvé la mort. Revêtu d'un cilice, dans l'atti-
tude de la prière, à genoux sur la cendre, les mains et
les yeux élevés vers le ciel,

Jamais pompe funèbre ne fut plus touchante et plus magnifique que celle qui fut déployée lors de la sépulture de saint Martial. Un peuple immense, plein de douleur, pleurait en suivant le noble et saint cortége. La plupart des évêques d'Aquitaine avaient quitté leurs siéges pour assister à ces funérailles sacrées. Le corps du saint resta exposé plusieurs jours, afin de satisfaire la piété des fidèles, qui ne pouvaient se rassasier de le vénérer, ni consentir à être privés de la vue des restes de leur père.

Aurélien officia pontificalement et voulut faire la sainte cérémonie, malgré sa douleur et ses sanglots; et les obsèques furent célébrées selon le rit prescrit par les apôtres, et observé par l'Église, à cette époque du christianisme naissant. Plusieurs prodiges furent opérés pendant l'exposition du saint corps et au moment de sa translation de l'église de Saint-Étienne à celle de Saint-Pierre du Sépulcre, où, entre sainte Valérie et saint Étienne le duc, ses deux enfants spirituels, il avait voulu et devait être inhumé.

Alpinien et Austriclinien, ses deux fidèles disciples, qui avaient, l'un et l'autre, refusé l'épiscopat pour se consacrer à la garde du tombeau de leur glorieux père, y demeurèrent, pour vaquer à la prière, à la contemplation des choses divines et à l'instruction des nombreux pèlerins qui y venaient demander et recevoir les grâces dont ils avaient besoin. Tous les deux devaient être ensevelis à leur tour dans la crypte sacrée.

Ce fut après la mort de ces deux saints que, sur le frontispice de la grotte, et au-dessus de la porte qui était cintrée, on écrivit les mots latins suivants : *Sanctus Stephanus, dux Galliarum ; sancta Valeria, protomartyr ; sanctus Martialis apostolus ; sanctus Austriclinianus, discipulus sancti Martialis ; sanctus Alpinianus, ejusdem discipulus ;* c'est-à-dire : Saint Étienne, duc des Gaules ; sainte Valérie, première martyre ; saint Martial, apôtre ; saint Austriclinien, disciple de saint Martial, et saint Alpinien, également son disciple. Sur son tombeau, on plaça, assez longtemps après sa mort, une épitaphe, où étaient relatés les principaux traits de sa vie, et ses principaux titres de gloire. Cette épitaphe, qui subsista pendant des siècles, ne nous est parvenue que par les copies qui en furent prises, ayant été, depuis longtemps, détruite, probablement à l'époque des guerres de religion, comme nous l'avons dit ailleurs.

Nous ne parlerons point des miracles opérés par l'intercession de saint Martial, après sa mort, non que ce sujet soit sans intérêt, ou que nous n'y ajoutions pas la foi que doit donner un esprit raisonnable au témoignage désintéressé de ceux qui furent témoins des faits, quelque prodigieux qu'ils paraissent; mais uniquement parce que tel n'est pas le but de notre travail, et parce que ce récit nous entraînerait dans des longueurs que nous préférons épargner à nos lecteurs. Il nous suffira de dire que saint Aurélien, le biographe de notre saint, et témoin oculaire des événements qu'il raconte, nous assure que, malgré les regrets universels et le deuil qu'avait occasionnés la mort du saint apôtre, pendant ses funérailles, des chants d'allégresse retentissaient de toutes parts, parce que des malades sans nombre, pleurant la mort de leur père spirituel, se trouvaient instantanément guéris des infirmités qui les affligeaient, et changeaient leurs larmes en cris d'allégresse et de reconnaissance.

Nous ne pouvons, cependant, nous dispenser de relater ici un prodige éclatant, qui eut lieu vers la fin du dixième siècle, en l'an de Notre-Seigneur 994, parce que c'est celui qui eut, peut-être, le plus de retentissement, et parce que son souvenir est demeuré plus profondément gravé dans la mémoire des peuples.

La fin du dixième siècle fut, comme on sait, attristée par une affreuse épidémie que l'on nommait le *mal* ou le *feu des ardents*. Cette peste causait à ceux qui en étaient atteints d'intolérables douleurs. La chair, rongée jusqu'aux entrailles, tombait par lambeaux, et ce fléau, augmentant tous les jours d'intensité, multipliait ses ravages au point que les populations épouvantées étaient devenues comme folles de terreur, et que les hommes ne se rencontraient plus sans se saluer de ce mot lugubre : Nous allons mourir !

L'Aquitaine fut, en particulier, exposée à ses ravages, et Hilduin, qui était alors évêque de Limoges, voyait, avec une suprême douleur la population de son diocèse désolée, et le peuple décimé par cet horrible mal, que n'avait pu arrêter ni combattre aucun effort humain.

Le digne pasteur eut alors la pensée de recourir à la prière et à l'intervention puissante du glorieux saint Martial. Il convoqua donc, à cet effet, tous les évêques de la province et d'autres encore ; puis, après avoir, par des jeûnes et des supplications publiques, frappé à la porte de la divine miséricorde, il fit exposer, dans un lieu élevé de la ville, les précieux restes de l'apôtre de l'Aquitaine, afin que chacun les pût vénérer plus aisément; et, à cette nouvelle, les peuples accoururent de toutes parts, remplis d'espérance et de foi.

Voici comment le docte auteur de la *Vie de saint Mar-*

tial, auquel nous reconnaissons devoir la plupart des détails que nous avons donnés nous-même, raconte les événements qui se passèrent dans cette occasion mémorable.

« Gombaud, archevêque de Bordeaux, figurait alors avec honneur à la tête des princes de l'Église; ce prélat, animé d'une foi vive, pressé d'une ardente charité pour le soulagement des souffrances de tous, alla s'agenouiller au pied du tombeau, sanctuaire des saintes reliques. Là, entouré d'une multitude inquiète, éplorée, qui mêlait ses larmes et ses gémissements à ceux des fidèles, il étend ses mains suppliantes et prononce à haute voix cette prière que l'histoire a conservée :

« O pasteur d'Aquitaine, vous qui l'avez éclairée des lumières de la foi, levez-vous pour secourir votre peuple ! Ne permettez pas que ces tortures infernales règnent auprès de votre corps sacré. O Martial, miroir des vertus, ô prince des pontifes, où est donc ce que nous lisons de vous, que vous avez été le disciple de Celui qui guérissait toute langueur et toute infirmité !... O gloire des évêques, honneur des Églises, où est donc ce que nous lisions de vous, que vous avez été dans la Cène le ministre du Sauveur quand il lavait les pieds à ses disciples !...

« Certainement, la tradition de nos anciens pères nous a transmis que vous avez reçu le don des grâces avec les autres apôtres !... Ne croyons-nous pas que notre ville épiscopale, la cité de Bordeaux, a été par vous acquise à Jésus-Christ, et qu'une femme que vous avez baptisée, imposant votre bâton pastoral sur le prince de la cité, le guérit d'une maladie horrible !... Montrez-vous donc le disciple de Celui qui est la source de la miséricorde...

« Oui, je prends à témoin tous ceux qui m'écoutent, si, avant que je m'éloigne de cette ville, vous n'éteignez pas cette flamme dévorante dans les corps de ceux qui sont ici ! si je ne vous vois pas guérir cette multitude, je ne croirai plus rien des choses admirables qu'on dit de vous ! Jamais plus je ne reviendrai dans cette ville pour implorer votre patronage ! C'est en vain qu'on me dira que Dieu vous a envoyé comme apôtre aux nations d'Occident ; c'est en vain qu'on me dira que vous avez baptisé le peuple de Bordeaux, dont je suis l'évêque, je ne croirai plus, si je n'obtiens pas la faveur que j'implore pour le salut de cette multitude affligée ! et votre bâton pastoral que l'on conservait jusqu'à présent dans ma ville épiscopale comme un précieux trésor, cette relique sera vile à mes yeux, si vous ne réjouissez pas ma vue et mon cœur par la guérison de tous ces pauvres malades. »

La foule était immense et non-seulement remplissait Limoges, mais encore s'étendait dans un rayon de deux lieues alentour. Or, à la vue de tous ces malheureux dont beaucoup étaient gisants sur la terre, frappés par le fléau, une clarté éblouissante descendit du ciel et vint se reposer sur l'église de Saint-Pierre du Sépulcre, remplissant, pendant plus d'une heure, la ville entière de sa splendeur, et les cœurs des fidèles de joie et d'espérance.

En effet, pendant que l'archevêque célébrait, le lendemain, les saints mystères au milieu de cette foule suppliante, le fléau cessa subitement, tous les malades furent instantanément guéris, et il ne se manifesta plus aucun cas de la redoutable épidémie.

Sur l'éminence où avaient été exposées les reliques de saint Martial, la reconnaissance publique voulut ériger une église en l'honneur du grand pontife, et le lieu où fut bâtie cette église reçut désormais le nom de Mont-Jovy ou *Mont de la Joie* qui lui fut décerné par la gratitude universelle.

Maintenant, notre tâche est finie : depuis l'heure où nous l'avons entreprise, l'Église de Limoges, demeurée quelque temps veuve, a reçu des mains de S. S. Pie IX un pasteur selon le cœur de Dieu ; et il semble que ç'ait été par une disposition ineffable de la divine Providence, que le pape qui rappelle particulièrement saint Pierre, par son âge, sa fermeté et ses épreuves, ait donné, à la ville et au diocèse de Limoges, un évêque dont le zèle et les vertus font involontairement penser à l'apostolat de saint Martial.

Nous quittons avec regret un sujet qui nous est cher, et en cessant de nous entretenir de l'apôtre d'Aquitaine, il nous semble que nous nous séparons de quelqu'un que nous avons connu et particulièrement aimé. Mais nous ne voulons pas laisser la plume sans exprimer ici un vœu qui doit trouver son écho dans bien des cœurs.

Ce vœu serait de voir le souvenir de ce grand saint entouré d'une dévotion plus grande, et son culte se raviver un peu, surtout dans cette partie des Gaules où il apporta la lumière de l'Évangile, et où son nom est, en bien des lieux, à peu près inconnu.

Nous ne sommes pas, tant s'en faut, ennemi des dévotions nouvelles, et, à proprement parler, il faut bien que toute dévotion soit nouvelle avant que de vieillir; mais ce que nous déplorons, c'est de voir s'éteindre et disparaître, l'un après l'autre, les plus purs et les plus nobles souvenirs du passé. L'honneur des fils prend sa source dans le nom vénéré des ancêtres, et c'est un triste symptôme quand on voit les grandes traditions antiques s’effacer devant le capricieux engouement de l’attraction du jour. Une famille ne se défait jamais de l’or et des pierreries que lui ont légués ses pères, sinon pour les remplacer par du strass, ou du clinquant; et quand on laisse tomber les murs de granit de la demeure paternelle, c’est, infailliblement, pour rebâtir à sa place une maison de plâtre et de papier peint.

Suivons les indications que Dieu nous donne, quand une circonstance providentielle nous convie à porter dans un lieu nouveau l’hommage de notre piété et celui de notre culte; mais si le mouvement qui nous porte nous fait délaisser les souvenirs sacrés des temps antiques, c’est que la dévotion nouvelle ne sera qu’un entrainement éphémère, et une mode qui passera comme passent les modes, avec le changement de la saison.

Les constructions modernes ne trouveront jamais d’appui plus durable que les monuments légués par un autre âge; et quand je vois un peuple, facile à l’enthousiasme pour ce qui est de la veille, laisser tomber dans l’oubli les splendeurs chrétiennes de son passé, je ne puis m’empêcher de croire que ce peuple n’est pas digne d’avoir un lendemain.

Courez à Issoudun, à Pontmain et à Lourdes, à cela je n’ai rien à dire, et j’y applaudis de grand cœur; mais n'oubliez pas le chemin qui mène à la grotte de sainte Madeleine, et aux tombes sacrées de saint Martial et de saint Martin.

Il y a, presque toujours, dans l'objet des dévotions modernes, quelque chose de moins viril que dans le culte des souvenirs anciens. Même pour les pratiques les plus saintes, il se glisse aisément, dans celles qui viennent de naître, un je ne sais quoi de spirituellement sensuel, qu'on ne trouve pas sur la dalle de pierre où les siècles ont passé. Les cœurs et les intelligences qui se désaltèrent aux sources antiques y trouvent, d'ordinaire, un breuvage et plus fort et plus pur. On peut efféminer sa piété comme sa vie, et l'amollissement de la foi est encore le plus dangereux.

Or, nous vivons dans un temps où nous avons moins besoin de sentiments que d'énergie; et, de grâce, ô mes amis! n'oublions pas que c'est au contact et à la grande ombre de ceux qui, dans leurs sueurs et leur sang, ont planté l'Église catholique, que nos âmes doivent surtout aller se retremper.

TABLE DES MATIÈRES.

—

FIN DE LA TABLE.

—

Abbeville. Imp. Briez, C. Paillart et Retaux.

9 782014 026603